去 **北京**

终极实用版

『去旅行』编辑部◎主编

中国农业出版社

图书在版编目(CIP)数据

去北京终极实用版/"去旅行"编辑部主编．
— 北京：中国农业出版社，2014.4

ISBN 978-7-109-18494-7

Ⅰ．①去… Ⅱ．①去… Ⅲ．①旅游指南—北京Ⅳ．①K928.91

中国版本图书馆CIP数据核字（2013）第251384号

中国农业出版社出版

（北京市朝阳区麦子店街18号）

（邮政编码：100125）

策划编辑：李梅

责任编辑：李梅

北京中科印刷有限公司印刷　　新华书店北京发行所发行

2014年4月第1版　　2014年4月第1次印刷

开本：710mm×1000mm　1/16　　印张：18

字数：330千字

定价：39.90元

（凡本版图书出现印刷、装订错误，请向出版社发行部调换）

天坛祈年殿

如果有人问起你，中国最想去的城市是哪里，"北京"很可能就是你脑海中第一个跳出来的名字了。

北京在中华民族漫长的历史长河中浮沉了三千余年，见证了几个王朝的兴衰，积淀了浓郁的"王者气息"。

来到北京，寺庙古刹、王府、名人故居和百姓的四合院以故宫为中心，淡然地散落在钢筋水泥的现代都市中。深藏在红色宫墙内的故宫虽早已没有了"一统天下"的帝王踪迹，不再是权力的中心，但它永远神秘着，吸引着世界各地的观光客，故宫里外永远是人潮如织。不止故宫，与皇家相关的所有建筑都同样受人瞩目。天坛、地坛、日坛、月坛、北海、景山、颐和园，还有十三陵，甚至只剩了残垣断壁的圆明园，天家气韵，优雅凝重。

无论北京的建筑，北京的民情，还是北京的美食，都明显地带有老北京历史的痕迹。皇宫、王府、官府、宅门、胡同四合院，里面住着各色人等，宫廷菜、官府菜、家常菜和北京小吃，他们各自吃着自己的嚼谷。故宫、北海有九龙壁，平民百姓四合院里有影壁，门前各色的上马石和门楼样式就能告诉你，我们祖上是书香门第，或者我们是习武世家。时光流转到21世纪，北京仍有那样深深的、静逸的百花深处，老爷爷在自己坐了几十年的座位上吃着爆肚，老奶奶踩着用了几十年的缝纫机，槐花，蝉鸣，蓝天，那样令人眷恋，那样的丰富多彩又那样自然亲切。

北京不仅仅有这些。中国最宽、最直的长安街上整日车水马龙，尽显都市的繁荣与活力，而旁边肃立着马上就600岁的故宫，两者的气质泾渭分明又水乳交融；西单、王府井、大栅

栏等商业街熙攘繁华；夜晚的后海、三里屯
灯光旖旎、风情万种；清华大学、北京大
学、北京师范大学等著名学府器宇轩昂；天
南地北的人们同样融入北京，各种服饰，各
地的方言和口音也成了北京的风景。

　　什么是北京的多元文化？北京有着怎样
丰富的内涵和韵律？来了才知道！

　　来吧，北京欢迎你！

PREFACE

目 录 CONTENTS

导读　去北京怎么玩

PART 1 北京24小时

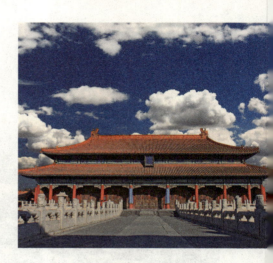

PART 2　畅游北京

PART3　Shopping北京

PART 4 食尚北京

PART 5 最IN北京

PART6　商务北京

故宫全景

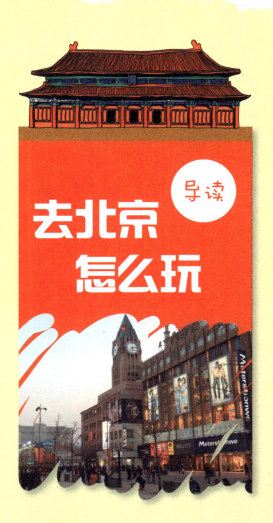

去北京怎么玩

导读

🚲 微北京

·微历史

@空空心：北京，三千年建城史，五朝古都。周口店、长城、故宫、十三陵……世界文化遗产十余处，悠久、丰厚、迷人、沉静，北京令全世界挂怀。

@萱萱：蓟城、燕都、燕京、大都、北平、顺天府等等，北京有过这些名字。作为国都，始于元。

@挥指数落花：蒙古军队征战天下期间，忽必烈听取了部将的意见，知晓了想要一统天下，成就霸业，必须定都燕京，即今天的北京。随后，元大都在忽必烈的筹备下，轰轰烈烈地建造了起来，从而拉开了北京作为王朝都城的序幕。

@搏击长空：明朝时期，驻守北平的朱棣发动"靖难之役"，夺得了帝位，并下诏将北平改为北京，同时决定迁都北京。不久后，朱棣开始在北京大规模修建皇宫，也就是如今的故宫（紫禁城）。

@萤火虫：李自成终结了明王朝，悲催的崇祯皇帝吊死在煤山歪脖儿树上，可李自成也没待住，进京只待了42天，就被清军赶出北京城。

@LALA：李自成退出北京后，清朝军队的入关并没有破坏明朝修建的紫禁城，而是在原有基础上进行了稍微修改，建成了清朝的皇宫。时至今日，紫禁城依然保留着浓郁地明清风格。

@小雪：清朝灭亡后，北京同样经历了民国时期和艰苦的抗日战争，解放战争，于1949年10月1日成为了中华人民共和国首都，续写着北京作为都城的历史。

·微地理

@晴空：古人云：幽州之地，左环沧海，右拥太行，北枕居庸，南襟河济，承天府之国。幽州即指北京。北京因其独特的地理位置，自古便是兵家必争之地。北京西北部为燕山、太行山山脉，东南部为一望无际的大平原，地势西北高东南低，整座城市如同被一只巨大的手臂揽在臂间。

@幽幽：北京著名的山脉主要有属于燕山山脉的军都山、海驼山、云蒙山、雾灵山等及属于太行山山脉的西山、百花山、妙峰山、灵山等。主要著名的河流为永定河、拒马河、潮白河、温榆河、沟河等。

@朦胧的心：北京水资源比较缺乏，城市的主要生活用水多来自于密云水库和京郊地下水。北京气候也较为干燥，春季沙尘暴比较厉害，全年总降水量也比较少。

·微文化

@听涛：清代乾隆年间，四大徽班进入北京，他们通过不断交流、合作、融合后，最终创造了有中国"国粹"之称的"京剧"。如今，京剧已经走向了世界，成为了介绍、传播中国传统文化的重要方式。

@扬子：到北京旅游，和北京人打交道是不可避免的。北京人嗓门大，一口"京音儿"说得出神入化。

北京人很热心，你迷路后，随便找一个北京本地人问下路，肯定会得到他们热心的指点。遇到特别热心的大爷大娘，他们还会带着你走到拐弯处，顺便与你说说北京的文化。这种温馨的感觉，在别的城市很难体会到。

@白鹭鸟：老北京的寺庙众多，过去每逢特殊日子，寺庙内均会举行独具特色的宗教活动，老百姓也会前去观看。时至今日，有些寺庙、公园依然会在春节举办形式各样的活动，还融入了众多购物、吃

喝、玩耍、娱乐等民俗活动，这也就是北京热闹非凡的庙会。

· 微旅游

@寻梦：北京是新中国的首都，是中国人的骄傲。几乎每个国人心里都有一种去首都看看，了解首都的一切的想法。于是，一年四季，大家从四面八方赶来北京旅游，看看故宫、鸟巢，感受下首都与众不同的人文气息，解开心中的首都情结。

@小小：三朝古都沉淀下来的历史痕迹，给北京留下了无数中国其他城市所没有的皇家建筑、园林、寺庙等景观。来到北京，看看这些历史的痕迹，感受皇家的气韵，是来北京的旅游者心中一个共同的念头。

🚲 旅行准备

如果可以选择，相信很多人只想轻便出游。不过，图轻便是一回事，该准备的物品还要准备齐全，毕竟旅行不是一件轻松的活。到北京旅游，如果准备不足，很可能就会让旅途变成"囧途"。若想在北京轻松出游，下点功夫做好行前准备还是很有必要的。

· 证件

到北京旅行，身份证、学生证、小孩的户口本等有效证件是一定要带好。如果你不想乘飞机、坐火车被拒，或者不想晚上露宿街头，证件就得小心揣好。特别提醒一句，别把驾驶证当身份证，北京住宿不认驾驶证。此外，一些免费的博物馆需要凭身份证等证件才能取票。如果有老年人和小孩一起出行，老年证、学生证等在有些景点买门票时可以享受优惠，带上这些证件可以省下一些钱。

名称	作用
身份证	➡ 用于旅客在登机（火车）时、住宿时登记，免费景点领取门票，部分大型景点接受查询
学生证	➡ 用于学生在景点购买门票时打折
户口本	➡ 如果孩子没有身份证，户口本可以在坐飞机使用
老年证	➡ 用于老年人在购买景点门票时享受半价，65岁以上坐公交车免费
记者证	➡ 用于记者在某些景点内免费领取门票
导游证	➡ 用于免费参观景点

·衣物

　　北京春、秋较短且早晚较凉，冬季需要羽绒衣，夏季需防暑防晒。北京的春天来的较为迟缓，初春来京不想站在风中瑟瑟发抖的话，应穿好厚衣。炎热的夏季，带上夏衣和遮阳伞。和煦的秋天带上一件外套，早晚需要披一披。严寒的冬天都应穿上保暖内衣、羽绒服、毛线衣等保暖衣物。

季节	衣物	作用
春季	羽绒服、毛衣、口罩	➡ 羽绒服、毛衣为御春寒、保暖，口罩用来抵御沙尘雾霾
夏季	短袖、遮阳伞	➡ 短袖便于散热，遮阳伞遮挡烈日
秋季	长袖、外套	➡ 长袖用于白天出去游玩，外套在早、晚穿用
冬季	羽绒服、保暖衣裤、毛衣	➡ 用来抵御严寒，特别是老人和小孩应该穿厚实点

·药品、护肤品

　　到北京旅行，晕车药、润肤霜、护手霜、唇膏等是必带的物品。北京城很大，交通四通八达，出门游玩坐车是不可避免的。晕车的游客不带上晕车药的话，想痛快的游玩，身体也会招架不住。同时，北京气候较干燥，尤其春、秋、冬三季，皮肤敏感怕干的人要带上润肤霜、护手霜、唇膏等。

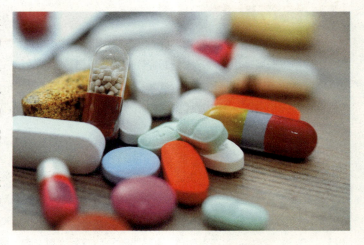

名称	作用
晕车药	➡ 用于防止晕车
感冒药/中暑药	➡ 用于预防、治疗感冒/中暑
治腹泻的药	➡ 用于在吃坏肚子后，及时治疗
润肤霜、护手霜、唇膏、湿纸巾	➡ 用于抵制干燥的气候

· 图书

　　到北京旅行，在挎包里有选择性地放上一本《这里是北京》、《北京的古塔》、《北京的城墙和城门》等图书，是十分必要的。出门前看一下手中的书籍，大致了解下北京的相关历史、文化，这样游玩起来会更加舒畅、自如。

名称	出版社	作用
《这里是北京》	华艺出版社	用于了解北京一些相关的历史、人物、古建筑等知识
《北京的古塔》	北京出版社	用于了解北京的一些古塔和古塔的相关历史典故
《北京的城墙和城门》	燕山出版社	用于了解北京的城墙、城门的地理位置、生成年代等相关信息
《大故宫》	长江文艺出版社出版	用于了解绵延千百年的封建皇家族系、机制构架、文化渊源，以及建筑、文物、民风等知识

· 网站

　　到北京旅行，关注以下网站，对你的旅途会有很大帮助。

名称	网址	作用
北京旅游网	www.visitbeijing.com.cn	可了解在北京旅游的吃、喝、玩、乐、住、购方面的信息
北京地铁官方网站	www.bjsubway.com	可了解北京地铁方面的信息
北京首都国际机场官网	www.bcia.com.cn	可了解北京首都国际机场的相关信息
北京火车站官方网站	www.bjstation.net	可了解北京火车西站的相关信息
中国联合航空有限公司	www.ceair.com	可了解北京南苑机场的相关信息
铁路客户服务中心	www.12306.cn	可预定火车票
携程网	www.ctrip.com	可预订酒店、飞机票

🚲 北京四季游

北京属于暖温带半湿润季风大陆性气候。北京春季多风沙，夏季湿润、闷热，秋季和煦、短暂，冬季漫长、寒冷，四季中都有不同的景致，皆是值得游玩的好时节。

· 春季

北京的春季持续时间非常短，气温回升很快，是全年中昼夜温差最大的季节，且降水稀少，时有沙尘暴来袭。农历三月后，北京中山公园的郁金香、景山公园的牡丹花、大觉寺的玉兰花等鲜花会陆续盛开，还有迎春花、漫山的梨花、桃花，是踏青赏花的好时节。

· 夏季

北京的夏季比较炎热，且降水较多，漫长的夏季常常使人感觉特别闷热难耐。过了端午节，白天就会闷热起来，但晚上还是比较凉爽。北京夏季的雨也是说来就来，说去就去，雨过天晴后空气中的闷热气息就会散去很多。夏天树木碧绿，荷花满塘，暑假是北京旅游的高峰时期，这时候故宫、颐和园、圆明园等各大景点内都挤满了游客。

· 秋季

北京的秋季秋高气爽，冷暖适宜，光照充足，是北京一年中最好的旅游季节。不过，北京的秋季十分短暂，一晃就过去了，气温也会随之下降很快。农历八月后，北京秋熟的水果熟了，郊区的采摘很是热闹。"十一"黄金周来到北京，是北京游玩最舒适的好时候。这时香山公园、明十三陵旁的农家院、钓鱼台国宾馆的银杏叶大道等地都会聚集众多的游客。

· 冬季

北京的冬季十分漫长，寒冷、干燥、降雪少。当一场大雪光临北京，漫天飞舞的雪花，披着银装的红墙绿瓦，长城内外，山峦之间一片雪白，展现出一派壮丽的北国风光。北京莲花山滑雪场、云佛山滑雪场、军都山滑雪场等人声喧闹，人们尽情玩雪。

北海公园

🚲 北京旅行的10大看点

北京，一座现代的古老皇城，历经千年沧桑，风骨卓然。没到过北京的人有一种首都情结，到过北京的人可能会感慨：北京也就那样，虽然大，虽然是老皇城，但没我家乡好。不管你作何评价，看看北京的人潮，你就知道北京的魅力了。

天安门广场

看点 **1** 天安门看升旗

"我爱北京天安门，天安门上太阳升"，一首耳熟能详的歌，让很多人都把"到天安门看升旗仪式"排在了他们北京之行的重要位置。不管严寒酷暑，凌晨一定要爬起来到天安门看升旗。

圆明园大水法

看点 **2** 故宫看皇家宫殿

紫禁城的皇家魅力难以抵挡，那些宏伟的建筑仍在，只是自称老天之子的王者已不见踪影。庄严凝重的宫殿静静地矗立，展现着往日的庄严荣耀。

看点 **3** 八达岭看明长城

"不到长城非好汉"，《清平乐·六盘山》诗词中这句话，让很多来北京游玩的人将攀登万里长城看作是游览北京的必做之事，八达岭长城作为万里长城的浓缩与精华成为中华民族代表意象之一，倍受全世界青睐。不管春夏秋冬，刻下了岁月痕迹的古长城上，总是人流涌动，那句话没错——不到长城真遗憾。

 看点 4 清华、北大感受文化气息

清华园、北大未名湖，提起这两处地方，每位国人总是会十分自豪地赞道：那就是我们中国最引以为豪的高等学府啊！这两个神圣的学府令多少学子魂牵梦绕、引以为豪。在这里走走，体验一下浓郁的学术氛围，也是游玩北京必不可少的项目。

北京大学博雅塔

 看点 5 圆明园看残垣断壁

曾经风光无限的"万园之园"，在列强的一把大火中永远地逝去它那壮丽的容颜，仅留下了大片断壁残垣。圆明园是一块刻在每位中华儿女心头的伤疤，伤痛并未随着时间逝去，她吸引人们前来触摸那段沉痛的历史。

圆明园

看点 **6** 奥林匹克公园看奥运场馆

曾举国上下为之欢腾的奥运盛典已经悄然远去，而那些记录着奥运健儿们辉煌一刻的建筑依然耸立在奥林匹克公园深处。置身于鸟巢、水立方，2008奥运盛典仿佛依然展现在眼前。

鸟巢全景

颐和园万寿山

看点 **7** 香山公园看满山红叶

金秋时节，漫山遍野的"红色火苗"跳动在香山公园内，山路上人头攒动，游人与红叶一起火热、燃烧。拿起手中的相机，拍下这里的一切，将香山的点点记忆带回家中，北京的火红色彩将被你深深收藏。

香山红叶

看点 明十三陵看皇陵

明十三陵参天的古树、壮观肃穆的皇陵、幽深的地宫，展现着大明皇帝在另一个世界里的铺排与奢华。没有人知道它到底还藏着多少秘密，也没有人知道它何时方能展现全貌……来到北京，看了故宫、颐和园怎能不来这儿看看呢？

看点 帽儿胡同中看四合院

棋局随意散落于街道、古树深藏于四合院落中的帽儿胡同，慢慢地游走于胡同中，可园、冯国璋故居、婉容故居、荣禄府与你不期而遇，古树依依，房舍如旧，时光倒流。

看点  颐和园、恭王府体会王家气息

画卷般美丽的颐和园，见证了一个王朝兴起，依然精致雍容的恭王府，无不透露着浓浓的王家气息，人行其间如在画中。天家气派有的不仅是奢华，还有文化与雅致。

恭王府

Hot!乘地铁游北京

北京的地铁发展极为迅速，现已延伸到了北京东、西、南、北的城区，目前开通的主要有1号线、2号线、4号线、5号线、6号线、8号线、9号线、10号线、13号线、14号线、15号线、八通线、昌平线、亦庄线、房山线、大兴线等线路。四通八达的北京地铁不仅给常住在北京的人生活、工作提供了很大的便利，更使前来这里游玩的海内外游客能更快、更经济、更轻松地到达要去的景点。故而到北京大可选择方便、快捷的地铁出游。

办理公交卡

北京公交卡（IC市政公交一卡通）用处很广，除了可以用来坐公交车、地铁外，还能在好利来、味多美等便利店内使用。公交卡在每个地铁站及公交充值站点都能办理，办理费为20元，每次最少充20元。用这种卡乘公交车享受4折的折扣，能省不少钱。当你离开北京时，还可以办理退卡手续，具体的相关信息可在各个办卡点咨询。

进站 ▸ 买票 ▸ 安检 ▸ 检票 ▸ 进月台 ▸ 乘车、换乘 ▸ 出站

进站

★ 在进地铁站时，随便从哪个入口进都行。进站后，会有站牌显示你乘坐的是哪条地铁线路，在地铁换乘站点还会有换乘线路的标识。另外，进站上下扶梯时，乘客尽量靠右站立。

买票

★ 没有办理北京公交卡的乘客，可以在地铁检票口旁的人工售票窗口或自动售票机上购买一次性地铁磁卡（2元/张）。建议选择自动售票系统买票，比较省时间。

自动售票机的显示屏会显示该系统是否正在运行中，显示暂停服务是无法购票的。显示屏是自动触摸屏，乘客点击触摸屏上的购票张数，然后投入相应面额的纸币（只能投入5元或10元的纸币）或硬币（1元），点击确认便会出票。

安检

检票

进月台

乘车
换乘

出站

★ 安检口设有自动安检机，乘客将所带物品放在安检机传送带上，如包裹内无禁止携带的物品，可在安检机另一端取回包裹。

★ 地铁检票口显示绿色箭头时，表示可以检票进站；显示红色箭头时，表示不能从此口检票进站。

乘客将磁卡平放在刷卡区上，听见系统发出"嘟"的一声后，检票门就会自动开启。如果系统发出报警声则说明你操作错误，若是在数次尝试后仍然不行，可以联系地铁工作人员。

★ 地铁月台分上行、下行两个方向，一定要看清楚所到目的地的方向，不要坐反了，指示牌通常显示的是起点站或终点站的站点。

★ 地铁1、2号线没有安全门，乘客候车时要站在黄色安全线外自觉排队，以免发生危险。另外，乘客上车时，要遵循先下后上的原则。

换乘地铁时，乘客不需要出站，在站内根据换乘线路的指示牌前行即可，如找不到标志可询问站内工作人员。

注意听地铁的广播，每节车厢都有地铁运行线路图，车门上方也有电子的线路标志，注意不要坐过站了。地铁在站与站之间一般停靠 1 分钟左右，乘客可以预先算一下时间。要下车时，建议提前来到门口，以节省时间。

★ 乘客如果用的是临时地铁卡，出站时应将票插入检票口，不能在刷卡处刷。

一般地铁站都有A、B、C、D四个出站口，代表的方向分别为东北、东南、西北、西南，站内有地图显示各出站口所在的位置和周边的主要地点，有少量的地铁站只有两个出站口，也有六个出站口的。

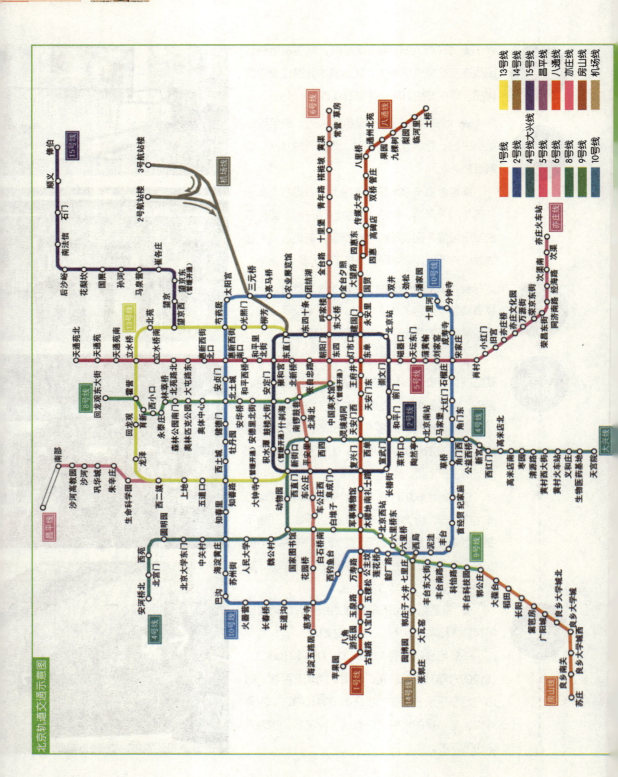

北京轨道交通示意图

鸟巢夜景

地铁1号线　这条线路贯穿了北京东、西城区，连接了多个热门景点和美食汇聚地、购物点，是北京最繁忙的线路，故很多人调侃它"永远都是春运状态"。

玩

地铁站点	景点
永安里站	➡ 日坛公园
建国门站	➡ 北京古观象台
天安门东、西站	➡ 故宫、天安门广场、天安门城楼、毛主席纪念堂、中山公园、中国国家博物馆、人民大会堂、国家大剧院
西单站	➡ 郑王府故居
军事博物馆站	➡ 中国军事革命博物馆、中华世纪坛
八角游乐园站	➡ 石景山游乐园、老山郊野公园

吃

地铁站点	美食点
建国门站	➡ "鸭王"烤鸭店、星巴克咖啡、明城五号烤鸭坊、俏怡庐、海泉湾海鲜烧烤等众多中、西餐厅
王府井站	➡ 王府井小吃街、东方寒舍、俏江南、凡情蒂诺比利时巧克力廊、东方新天地大食代、东华门夜市等
西单站	➡ 王品牛排、元禄回转寿司、大地西餐厅、海底捞等各种美食

购

地铁站点	购物点
永安里站	➡ 秀水街、贵友大厦、赛特购物中心、友谊商店等
王府井站	➡ 新东安、东方新天地、王府井百货、王府井书店等
西单站	➡ 西单商场、大悦城、汉光百货、明珠百货、西单图书大厦

这是一条环形地铁线，其走向与原北京内城城墙基本重合，连接了北京的多个景点和美食地、购物休闲街，是游客来北京游玩最喜爱的地铁线路之一。北京火车站、北京北站（西直门站）在2号线上。

玩

地铁站点	景点
鼓楼大街站	➡ 德胜公园、钟鼓楼
雍和宫站	➡ 地坛公园、雍和宫、国子监、孔庙、五道营
前门站	➡ 正阳楼、台湾风情街、铛铛车、天安门广场
阜成门站	➡ 广济寺、北京鲁迅博物馆、妙应寺
长椿街站	➡ 白云观

吃

地铁站点	美食点
东直门站	➡ 簋街美食街
前门站	➡ 前门大街、全聚德、都一处、鲜鱼口街、大观楼
和平门站	➡ 全聚德烤鸭店
长椿街站	➡ 广安门美食街

购

地铁站点	购物点
东四十条站	➡ 南新仓文化休闲街
前门站	➡ 大栅栏、瑞蚨祥、台湾会馆
和平门站	➡ 琉璃厂古文化街
长椿街站	➡ 报国寺旧货市场

这是北京南北交通的主动脉之一，连接了北京多个热门旅游景点和主体公园，是北京客流量极大的热门旅游地铁线。

玩

地铁站点	景点
北宫门站	➡ 颐和园
圆明园站	➡ 圆明园、清华大学
北京大学东门站	➡ 北京大学
国家图书馆站	➡ 国家图书馆、紫竹院公园
动物园站	➡ 北京动物园、北京海洋馆、北京天文馆、北京展览馆
西四站	➡ 北京地质博物馆
陶然亭站	➡ 陶然亭公园

地铁5-6号线

5-6

这是一条贯穿了北京东西、南北城区的线路，上面云集了众多名胜古迹、老北京胡同、休闲购物街和风景优美的公园等景致，是游玩北京不可错过的地铁线路。

玩

地铁站点	景点
天坛东门站	➡ 天坛公园
东四站	➡ 东四大街、礼士胡同、中国美术馆、隆福寺
南锣鼓巷站	➡ 南锣鼓巷
北海北站	➡ 北海公园、什刹海（后海）

吃

地铁站点	美食点
南锣鼓巷站	➡ 南锣鼓巷、地安门东大街
北海北站	➡ 什刹海（后海）

购

地铁站点	购物点
灯市口	➡ 金宝街、奥迪店、劳斯莱斯店、兰博基尼、阿斯顿马丁店
东单	➡ 达芙妮、爱意服饰店、劲霸男装、天枣源、凯致鑫
车公庄	➡ 官园珠宝城、红英玫瑰马、国珍专营、官园商品批发市场

地铁8号线

8

这是北京的一条南北中轴线路，主要是为了方便游客前往奥运举办场地而开通的地铁线。同时，该线路上也有很多值得一看的特色公园、博物馆。

玩

地铁站点	景点
北土城	➡ 北京百鸟园、元大都城垣遗址公园
奥体中心站	➡ 中华民族园、中华民族博物院、奥体中心体育场
奥林匹克公园	➡ 鸟巢、水立方、中国科学技术馆、中国国家体育馆
森林公园南门	➡ 奥林匹克森林公园

地铁10号线

10

这是一条北京为举办第九届中国国际园林博览会而开通的线路，主要景点为园博园站的北京园博园，购物点是潘家园站的北京古玩城。

🚲 带孩子玩北京的10大选择

当旅游已成为一种家庭活动，孩子不可避免的成了旅行的主角。带上孩子去旅行，是给他们最好的教育，也是他们体验生活最直接的方法。带孩子到北京游玩，走进宫殿楼阁、去文化气息浓厚的大学、去博物馆看各种展览……不管去哪，亲身经历比读书所得更真切！

北京欢乐谷

选择 1　北京欢乐谷

带孩子去游乐园玩，孩子们最开心。北京欢乐谷，50多处人文生态景观，极速飞车、太阳神车等40多项娱乐设施，亚特兰蒂斯、失落的玛雅等七个主题区，带上你的孩子，一同进入游戏设施内，进行各种娱乐活动，欢乐谷一定会让孩子乐翻天。

中华民族园

选择 2　中华民族园

中华民族园内不仅有着众多的美丽景观，还有着众多特色小吃。带孩子来到这里，让他们体会园内不同的民族风情，品尝各民族的特色美食，切身体会新奇的民族风情，孩子开心，大人快乐。

北京世界公园

选择 3　北京世界公园

北京世界公园是一个非常适合带孩子观看和认识各国著名建筑和感受世界风情的好地方，公园内景点很多，美食也不少。让孩子尽情游玩，看场电影，喂大象吃香蕉，鬼屋探险、水上乐园里戏水……

选择 **4** 北京天文馆

　　"不到长城非好汉，不去天文馆真遗憾"。不管是大孩子还是小孩子，带他去北京天文馆游览一番，是作为家长必须要做的一件事。北京天文馆里有很多精彩的天文科普知识介绍，对于培养孩子对天文的兴趣，激发孩子内心深处对天文学的好奇心非常有帮助。同时，带孩子看看天文馆中的3D、4D电影，让他们从影像中了解更多的天文知识，也是非常不错的选择。

选择 **5** 北京动物园

　　几乎每个孩子都对动物抱有一颗好奇的心，到了北京就应该带自己的孩子去北京动物园游览一番。来到北京动物园后，牵着孩子的手，给他们一一介绍园内的各种动物以及它们的生活习性，能使孩子了解更多动物方面的知识，培养他们珍爱动物的心理。

选择 **6** 北京海洋馆

　　北京海洋馆内有中华鲟鱼、水母、海豚、鲨鱼等众多海洋生物。带孩子来到这里，让他们近距离观看海洋生物，了解神秘浩瀚的海底世界和形形色色的海洋生物，并带他们参加各种科普活动，通过亲身体验来激发他们"关爱海洋动物"的意识。

北京海洋馆

选择 7 中国科技馆

北京植物园

带孩子游玩北京科技馆，不仅可以开阔孩子的眼界，学到更多的科学知识，还能满足孩子的好奇心。北京科技馆中，还有一个专供孩子玩耍的乐园——科学乐园，可以让他们在玩乐的同时学到更多的科学知识。一路游玩后，你带走的可能就是将来某个科学领域的科学家。

中国科技馆

选择 8 北京植物园

北京植物园不止是植物的世界，也是鲜花的海洋。带孩子来到这里，让他们近距离观看各种植物，了解一些植物常识。相信孩子在游玩过植物园后，不仅能丰富知识，还能学会保护环境，更加热爱我们的家园。

选择 9 中国木偶剧院

内容精彩、动作滑稽、语言风趣的木偶戏没有哪个小孩不喜欢，带孩子玩北京可以带他去中国木偶剧院看一场木偶戏。让他们彻底沉浸在木偶剧给他们带来的欢乐中，并从中学到知识。

选择 10 比如世界

放开约束，让孩子尽情地游玩，在玩乐中学会自己主动去和别人交往，去体验模拟真实世界中的各种职业，是比如世界为孩子量身打造的娱乐方式。来到这里，你可以把孩子单独放入景区内，然后自己站在外面通过大荧屏看着他如何玩、如何处理事情，既能让孩子玩的开心快乐，也能见证孩子的成长。

情侣游四大私密选项

"旅行，最能检验出一个人的品性"，它是爱情的催化剂，是爱情升温最直接的方式。在北京，两个人不用再去挤人山人海的景点，完全可以执手信步，把浪漫洒在自己私密的旅程里。让心头那颗爱的种子，于古寺、风景区、银杏大道生根发芽。

选项 1 古寺

想要制造点惊喜，让身心好好地享受宁静，不妨一起向大觉寺、潭柘寺、妙峰寺等古寺出发，在野花点缀的山间小径中穿行，在柔风中聆听风声鸟鸣。来到古寺中，牵着她的手慢慢地游走，感受那丝丝佛音、袅袅檀香营造下的幽静氛围，享受两人在一起的美好时光。

选项 2 自然风光

想要追寻大自然的清新自然，让恋情于好山好水中得以滋润，不妨牵上她的手，带上相机，走进妙峰山、神堂峪、十渡等风景区中，让盛开的鲜花成为你送给心爱的人最好的礼物，让青翠的山峦成为两人合影中最好的背景，让汗水从两人紧握着的手心滴落在被你们欢快步伐越过的土地上。

十渡

选项 3 银杏大道

想在金秋时节，找到一个优雅舒适且洋溢着欢乐的地方度过美好的一天。不妨在晴朗的周末，挽着她的手臂，带上相机，前往满地金黄的钓鱼台国宾馆、三里屯使馆区等银杏大道上慢慢行走。徐徐的秋风中，金黄的银杏叶欢快地跳跃着落在两人的头上、肩膀上，滑落到脚下。此时此刻，金黄的道路成了你相机中记录两人美好回忆的最佳背景。

选项 4 温馨餐厅

浇灌爱情的花朵，没有什么更好的方法能比得上两人坐在一起静静地听着优美的音乐，享受晚餐来得实在了。找一个温馨的夜晚，带着心爱的她来到什刹海、南锣鼓巷，找一处温馨的餐馆，美食美酒相伴静静欣赏夜色下的美景，享受对方眼中特有的柔情。

负责任的旅行建议

建议 1 提前预订正规住宿点

前往北京时，一定要记得在出发前通过打电话或者上网等方式，提前预订好自己所乘坐的飞机或火车所到达的站点周围的旅馆。当你到达北京后，身体很可能会因为舟车劳顿而疲惫不堪，这时你就可以直接前往预定好的酒店休息，而不用再拖着困卷的身体花费时间去寻找住宿点了。另外，在你从车站出来后，会有很多人向你推荐住宿地点，说他们那的住宿点设施多么好、价格多么实惠，等你去了后，才知道他说的地方多么偏僻，而且里面设施多么差劲，到那时候再后悔就晚了。

推荐预订酒店网站：携程网www.ctrip.com，去哪儿网www.qunar.com，艺龙旅行网www.elong.com。

建议 2 找"黑导游"不省钱、不可取

在北京，"黑导游"很多，若想通过他们达到省钱的目的，那就大错特错。跟着他们去旅行，越走就越会有种上了"贼船"的感觉，没有具体的旅游接待计划、行程安排，还常常减少旅游项目。他们可能会以下雨、下雪或天色已晚等借口减少旅游景点，还利用"园中园""景中景"等进行诱惑，让你不断往外掏钱。碰到旅游旺季，不少景区人满为患，住房、车辆得不到落实，这些"黑导游"就会神秘消失，更有甚者，还会以游客不遵守集合时间、自行掉队等借口把游客甩掉。要知道，找个黑导游，不但钱没省，最终吃苦受折磨的还是游客自己。

建议 3 尽量别打"黑出租车"

在北京，"黑出租车"很多，想通过他们解决打车难、挤公交车难结果会令你追悔莫及。坐在这些车上，司机很可能会问你去哪里玩啊，然后给你推荐说从哪个门进去更好玩，可以玩到什么，等到达那里后，他又会带着你前去买票。这一切乍看起来，似乎你会觉得司机很热心，可是他们开出的车费价格可能比正规出租车贵了很多。另外，坐"黑出租车"，万一出现交通事故等纠纷，你的权利得不到保障。

建议 4 尽量少在景区内购物

北京的景点内，一般有提供买零食、水、纪念品等物品的摊位，但这些东西的价格一般会比正常价格高一些。建议外出游玩时，把水、零食等事先备好，然后直接带到景区里面去，这样可以省些钱。至于纪念品，在景点周围的小摊也可以买到，价格会比里面更实惠一些。

红螺寺

建议 "去哪玩？怎么玩？"最好自己做做功课

北京太大了，城市文化多元。国际的、民族的，皇家的、平民的，教堂、清真寺、庙观，繁华、幽静，自然山水、人文奇迹……想知道北京"去哪玩？怎么玩？"，先问问自己想看什么、玩什么。无论来过北京的人还是北京人，他们告诉你的都是他们的印象。还是自己看看书，根据自己的向往选择目标后，再就细节问题请教他人。

建议  少带现金

在北京旅游，景点内游客都特别多，公交车和地铁上也会很拥挤。随身携带大量的现金的确花起来方便，但旅游中很忙乱，人多眼杂，带多了现金，万一遇上"扒手"或不小心弄丢现金，旅游的快乐锐减。北京的景点或餐馆周围一般都会有银行或自动取款机，大型餐厅也都能刷卡，所以建议你尽量少带些现金，带好银行卡，消费刷卡，需要时取点现金，也没有太大不便。

建议 不要悄声议论老外

在北京，遇到外国朋友是经常的事，他们彼此间大多数都会用母语交流，但如果你认为他们不懂中文，那可未必。有很大一部分来中国旅游的"老外"都是懂中文的。当你遇到"老外"时，千万不要对其悄声议论，一旦他们能听懂中文，那可就丢人丢到家了。

北京故宫角楼

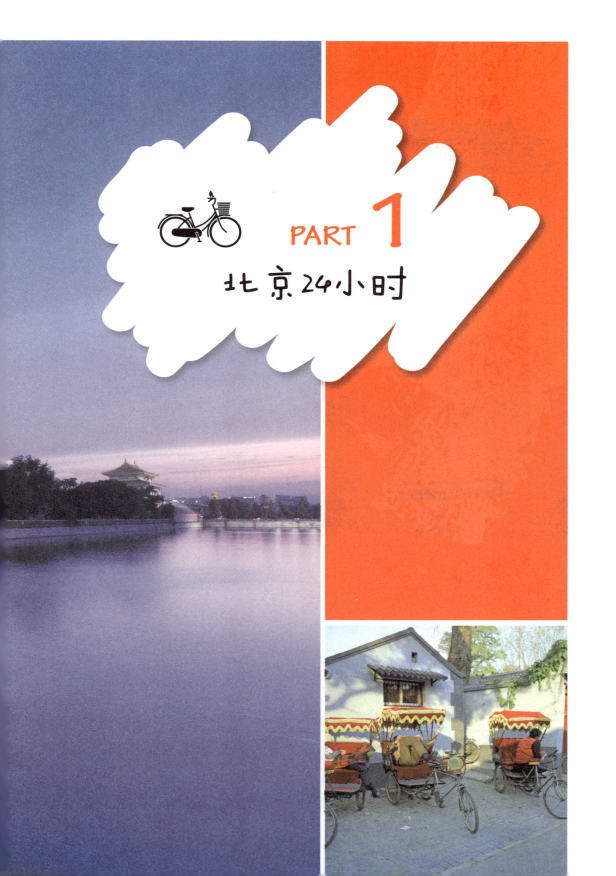

PART **1**

北京24小时

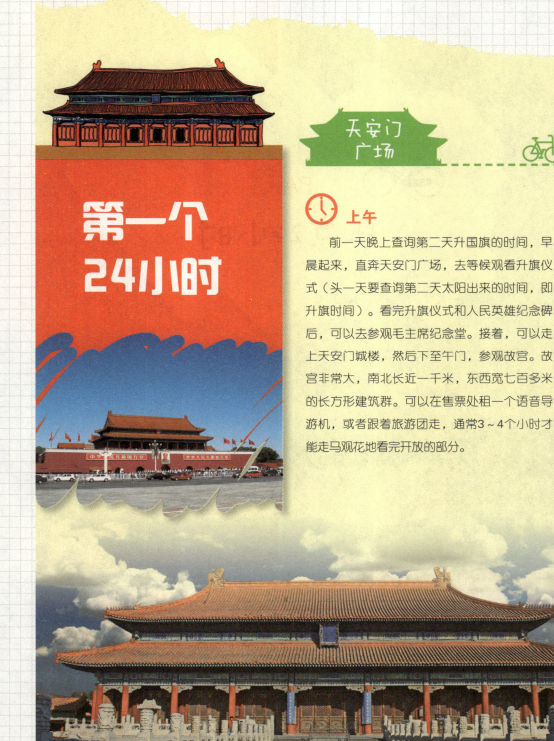

第一个 24小时

天安门 广场

🕐 上午

前一天晚上查询第二天升国旗的时间，早晨起来，直奔天安门广场，去等候观看升旗仪式（头一天要查询第二天太阳出来的时间，即升旗时间）。看完升旗仪式和人民英雄纪念碑后，可以去参观毛主席纪念堂。接着，可以走上天安门城楼，然后下至午门，参观故宫。故宫非常大，南北长近一千米，东西宽七百多米的长方形建筑群。可以在售票处租一个语音导游机，或者跟着旅游团走，通常3～4个小时才能走马观花地看完开放的部分。

故宫星极殿

故宫  王府井

🕐 中午

游玩故宫后，最好从神武门出来，前往景山前街向东步行，到达五四大街后继续向东走，过美术馆，路口向南拐（右手），向前走（向南）就是王府井步行街。路上找餐馆解决就餐问题。

🕐 下午

吃完饭后，由北向南开始逛王府井步行街。王府井大街是集购物、品尝美食于一体的大型商业街，你可以边走、边购、边吃，一个下午下来这条街也就被你逛完了。

🕐 晚上

逛完王府井大街后，你可以等东华门夜市开始，也可以去隆福寺小吃店，吃点东西再前往隆福寺街75号长虹影院内看一场电影。

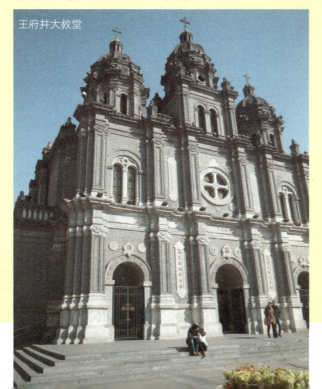
王府井大教堂

第二个 24小时

奥林匹克 公园

 上午

　　早上起来，坐地铁直奔奥林匹克公园。先花半个小时看完玲珑塔、国家会议中心、国家体育馆等建筑外观；然后前往鸟巢，花半个小时时间看完内部场景；再前往水立方，花1个小时时间参观完内部的场景。接着，前往国家奥林匹克体育中心，花1个小时时间看完内部场景。

中午

　　从奥林匹克体育出来后，沿慧忠路隧道向西步行，在水立方西侧（慧忠路隧道南侧的游客服务中心附近）的麦当劳餐厅解决就餐问题。吃完饭后，从奥林匹克公园北门出来，在国家会议中心东侧的奥林匹克公园站乘坐地铁8号线在北土城站下车，换乘地铁10号线在海淀黄庄站下车，换乘地铁4号线在北宫门站下车，再乘坐出租车前往颐和园。

水立方

颐和园   北京大学

北京大学

🕐 下午

到达颐和园后，从东宫门进入，用3个小时时间，沿着这条线路游览：东宫门—仁寿殿—文昌院—玉澜堂—宜芸馆—乐寿堂—长廊—排云殿—佛香阁—石舫—乘船至南湖岛—十七孔桥—铜牛—新建宫门。

🕐 晚上

从颐和园新建宫门出来后，沿着昆明湖东路向北步行，在到达二龙闸路向东行至颐和园路，再沿颐和园路向东步行，在沿途找餐馆解决就餐问题。然后搭乘临线902路公交车在北京大学西门站下车，从北京大学西门进入北京大学观看北大夜景。

第三个
24小时

🕐 **上午**

　　早晨起来，前往八达岭长城景区。到达后先花半个小时时间，进入长城全周影院内看一部关于长城的电影。然后，迅速来到长城入口，花2.5个小时左右来回，游览长城全景。

长城

明十三陵

🕐 中午

从长城下来后，在八达岭长城售票处旁边的风味快餐城解决就餐问题。然后，搭车前往明十三陵。

🕐 下午

到达明十三陵后，从南门进入，直接前往定陵，花2.5个小时游览完定陵地宫、定陵博物馆、碑亭等景观。

定陵

🕐 晚上

从定陵出来后，在明十三陵南门附近的农家院解决就餐问题，让自己身体得到充足的休息。

第四个
24小时

 天坛

 上午

早晨起来去天坛。从天坛东门进入天坛后，沿着神厨—皇乾殿—祈年殿—圆丘—昭亨门这条线路游览，花3小时左右看完天坛里的著名景观。

 中午

从昭亨门出来后，在附近解决就餐问题。然后，沿着天坛东路向北步行搭乘地铁5号线在雍和宫站下车，步行前往雍和宫。

天坛

雍和宫

雍和宫

 下午

　　抵达雍和宫后，随意参观永和宫内天王殿、雍和宫大殿（大雄宝殿）、永佑殿、法轮殿、万福阁等景观。

晚上

　　前往簋街，品尝卤煮火烧、麻辣小龙虾等美食。

第五个
24小时

🕐 **上午**

早上起来到北海公园南门。沿着团城—普安殿—悦心殿—白塔—渡船—五龙亭—小西天—九龙壁—静心斋这条线路游览北海公园，出北门。

北海公园

中午

在北海后门对面的后海或地安门附近解决午餐。

胡同

下午

游玩什刹海景区，依次游览前海、后海、西海沿岸的风景，参观"银锭观山"、恭王府、宋庆龄故居等。

晚上

来到后海附近，置身于后海周边的酒吧内，尽情享受独特的后海风情。

长城

PART 2
畅游北京

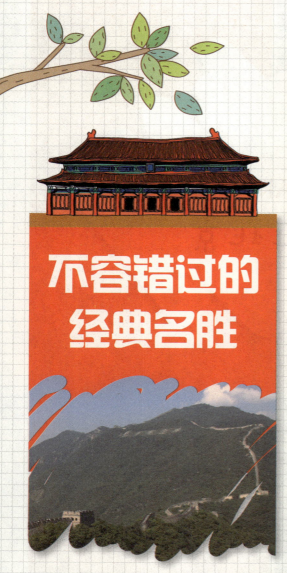

不容错过的经典名胜

01 故宫
最具皇家气息的建筑群

　　故宫是中国明、清两代皇帝的皇宫，也是在北京游玩必去的景点之一。故宫内部建筑按其布局与功用划分为"外朝"和"内廷"两大部分。游玩故宫，主要看点就是"外朝"太和殿、中和殿、保和殿三大殿，"内廷"乾清宫、交泰殿、坤宁宫后三宫以及珍宝馆、钟表馆两大馆。东西两侧有珍藏文物展。

地址： 东城区东华门路
交通： 市内乘坐1、2、10、728路等公交车；或乘1号地铁线在天安门东下车即到
门票： 淡季40元（11月至次年1月）；旺季60元（4~10月）；均不包括钟表馆、珍宝馆
开放时间： 旺季8:00~17:00（16:00停止售票）；淡季8:30~16:30（15:30停止售票）；周一闭馆
电话： 65132255

🚌 这样游览最便捷

🕐 上午：故宫
🕐 下午：天安门广场 ▶ 毛主席纪念堂 ▶ 劳动人民文化宫 ▶ 中山公园
▶ 王府井大街

天安门

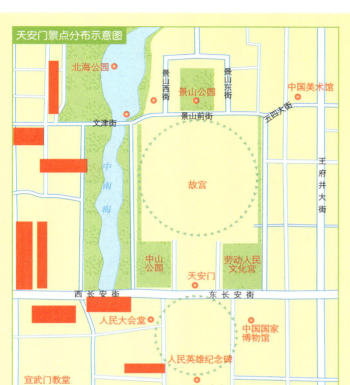

天安门景点分布示意图

北海公园
景山西街
景山公园
景山东街
中国美术馆
景山前街
文津街
五四大街
中
南
海
故宫
王府井大街
中山公园
劳动人民文化宫
天安门
西长安街
东长安街
人民大会堂
中国国家博物馆
宣武门教堂
人民英雄纪念碑
毛主席纪念堂
宣武门东大街
前门西大街
前门东大街

📍 **天安门广场：**位于故宫正前方。该广场是北京的心脏地带，广场中央矗立着高大的人民英雄纪念碑，每天清晨和日落时分广场上都会有庄严的升、降国旗仪式。

📍 **毛主席纪念堂：**位于天安门广场南端。堂内分为北厅、瞻仰厅、南厅三部分：北厅陈列有毛泽东、周恩来、刘少奇等开国元勋的革命事迹，毛主席遗体安放在瞻仰厅内的水晶棺中，南厅是出口大厅。

电话：65117722/65120909

开放时间：星期二至星期日，但有活动时会关闭，建议提前咨询

📍 **劳动人民文化宫：**位于天安门东侧，原是明、清两代皇帝祭祀祖先的场所，宫内有古柏，现在是北京市民娱乐休闲的场所。

电话：65252189

开放时间：6:00～22:00

故宫全景

📍 **中山公园：**位于天安门西侧，按照"左祖右社"制度，原是明、清两代的社稷坛，供皇帝祭祀土地神和五谷神，后为纪念伟大的革命先行者孙中山先生而改名为中山公园，拜殿也被改成了中山堂。

电话：66055431 开放时间：6:00～20:00

📍 **王府井大街：**位于东城区王府井的一条步行街。王府井是北京商业区的老招牌，它集观光旅游、购物、品美食于一体，是每个来京旅游者的必游之地。

💬 **旅游达人 游｜玩｜攻｜略**

1.游览故宫一般以半天时间为最佳，游人从午门正门进入，沿着中轴线进行游览。推荐线路：午门—太和门—太和殿—中和殿—保和殿—乾清门—乾清宫—交泰殿—坤宁宫—御花园。另外，观众参观完故宫后，必须从神武门离开故宫，不能走回头路。

2.在故宫游玩，可以选择语音导游、讲解员讲解、志愿者免费讲解三种方法来帮你导览。选择语音导游，可以在午门讲解服务处租语音导读机，费用为20元。选择讲解员讲解服务，可在午门、神武门服务站申请，价格为250元（5人或5人以下），咨询电话：85007427（午门）、85007428（神武门）。选择志愿者免费讲解服务，可在珍宝馆、钟表馆、书画馆等展馆内等候。

3.故宫从2014年开始，除法定节假日和暑期(每年7月1日至8月31日)外，正式实行周一全天闭馆。前往故宫游玩，注意避开闭馆日，合理安排出行时间。

4.天安门广场每天升降旗仪式的具体时间以北京市的日出日落时间为准。游客可以从报纸上预知隔天升旗的具体时间，也可以打电话65257900查询具体的升旗时刻。

5.游览毛主席纪念堂时，注意将自己随身携带的大小包、照相机、水壶等物品拿到广场东侧路东侧的存包处寄存后再排队参观。

故宫午门

6.在中国国家博物馆参观时，馆内基本陈列与专题展览可以拍照留念，但不要使用闪光灯和三脚架。临时性的展览，将会依据办展协议确定是否可以拍照，不可以拍照的，将会在展厅内设立明显的提示标识。

7.游览中山公园时，建议先由南门进入，按顺序参观保卫、平坊、古柏、社稷坛和中山堂，再从东北门出公园，接着可以沿故宫筒子河岸走走，观赏故宫的角楼。

8.游览王府井时，有着欧式建筑而适宜拍婚纱的东堂，集结了全国各地多种小吃，令你在东华门夜市和王府井小吃街就能品尽各地美食，是你万万不可错过的地方。

02 八达岭长城
史称"天下九塞"之一

八达岭长城

八达岭长城是万里长城的精华，体现了我国古代劳动人民智慧的结晶。登临长城，可以将绿树掩映的山峦、蜿蜒起伏的城墙、历尽沧桑的烽火台等景色尽收眼底，内心不禁会产生一种"不登长城非好汉"的豪情。

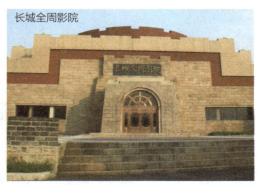
长城全周影院

地址：延庆县军都山关沟古道北口

交通：市内从德胜门乘877、919路公交车可直达；或乘北京旅游集散中心的直达专线车；还可以在北京北站乘动车组在八达岭站下车。

门票：淡季40元；旺季45元；乘缆车、滑索需另付钱

开放时间：旺季6:30～19:00（4月1日至10月31日）；淡季7:00～18:00（11月1日至次年3月31日）

电话：65132255

这样游览最便捷

上午：中国长城博物馆 ▶ 长城全周影院 ▶ 八达岭长城
下午：长城碑林

旅游达人 游|玩|攻|略

1.游览八达岭长城前，先去长城博物馆和长城全周影院看下，通过实物、文献资料和电影等了解长城的历史，之后再爬长城会印象更深刻。

2.游览八达岭长城时，记得穿防滑、轻便的运动鞋，女士切勿穿高跟鞋；长城部分地段坡度较陡，做到看景不走路，走路不看景，避免危险；另外，由于攀登长城时间较长，可以随身携带矿泉水、零食和一个塑料袋装垃圾。老人和体弱者可以依据自己的身体状况选择乘缆车游览。

3.八达岭长城游客较多，游览过程中可能会给你带来不方便，但千万不要为了寻找清静，而去野长城或者另辟蹊径，寻找地势险要的地段游玩，这样做可能会威胁到你的人身安全。

4.自驾车前往八达岭长城时，由于停车场车位有限，应尽量早点到达停车场。当停车场无空车位时，景区工作人员会在距景区2公里以外的地方将车辆分流到附近的野生动物园外和岔道村西的停车场里。分流后景区会设立摆渡车，免费拉游客到长城登城口附近。

中国长城博物馆：位于八达岭长城景区内。馆内共分为九个展厅，主要展现的是长城的历史和现状。

开放时间：夏季9:00～17:00；冬季9:00～16:30

电话：69121890/69121830

长城全周影院：位于八达岭长城景区内。馆内十部投影机同步在60米长的无缝拼接银幕及穹顶上，放映《万里长城》影片，影片主要展现长城古迹、四季景致、历史故事、战争场面等内容。放映时长为15分钟。

开放时间：9:00～16:30无休息

电话：69121306

长城碑林：位于延庆县八卦城内，是中国北方最大的碑林，中有毛泽东诗词墨迹碑林、百将墨迹碑林和百家墨迹碑林。

电话：69121483 / 6912123

八达岭长城

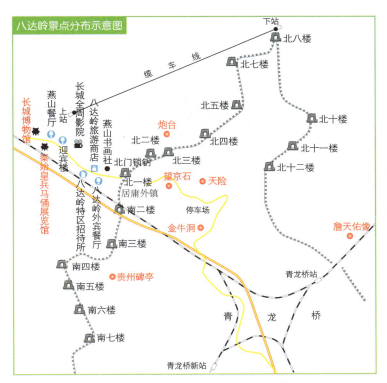

八达岭景点分布示意图

下站
北八楼
缆车线
北七楼
北五楼
北十楼
炮台
北二楼
北四楼
北十一楼
燕山餐厅
长城全周影院
长城博物馆
燕山餐厅
上站
八达岭旅游商店
燕山餐厅
北门锁钥
北三楼
北十二楼
迎宾楼
望京石
天险
秦始皇兵马俑展览馆
北一楼
居庸外镇
詹天佑像
八达岭特区招待所
南二楼
停车场
八达岭外宾餐厅
金牛洞
南三楼
青龙桥站
南四楼
贵州碑亭
南五楼
南六楼
青
龙
桥
南七楼
青龙桥新站

悬臂长城

北京其他段长城			
名称	地址	交通	电话
居庸关长城	昌平区南口镇	德胜门乘坐345快车到沙河下车，换乘昌68路车直达景区	69771665
慕田峪长城	怀柔区渤海镇慕田峪村	东直门长途汽车站乘坐867路旅游专线车直达景区	61626022
黄花城长城	怀柔区九渡河镇西水峪	乘961路公交车在杏树台站下车	61651335
箭扣长城	怀柔区渤海镇珍珠泉村	东直门乘916路到怀柔，换乘去慕田峪方向的中巴到辛营，再换小巴到珍珠泉	—
司马台长城	密云县古北口镇司马台村北（景区维修中，暂未开放）	东直门长途汽车站乘坐980路公交车在（高速）终点站下，换乘司马台长城的专线班车	69031051/69035022

去北京 终极实用版

03 明十三陵

世界上埋葬皇帝最多的陵墓群

明十三陵

明十三陵是中国明朝皇帝的墓葬群，有着极其庞大的建筑规模。明十三陵中清幽的环境、古老的参天大树、奢华的建筑、幽深的地宫、珍贵的文物，再现了明王朝辉煌灿烂的文化，这一切也是明十三陵吸引海内外游人前来观光旅行的独特魅力所在。

地址： 昌平区十三陵特区昌赤路

交通： 德胜门西站乘345支线至昌平东关路口转314路公交车直达，或德胜门西站乘881路至昌平东关路口转314路公交车直达（明定陵、明长陵）

门票： 总神道淡季25元，旺季35元；长陵淡季35元，旺季50元；定陵淡季45元，旺季65元；昭陵淡季25，旺季35元

开放时间： 总神道淡季8:30～17:00，旺季8:10～17:30；明长陵淡季8:30～17:00，旺季8:00～17:30；明定陵淡季8:30～17:00，旺季8:00～17:30；明昭陵淡季8:30～17:00，旺季8:30～17:00

电话： 60761424/60761388

🚌 这样游览最便捷 ••••••••••••••••••••••••••••••••••••

上午游览完明十三陵的景观后，下午可以前往居庸关长城。这段长城位于昌平区南口镇，有南北两个关口，南名"南口"，北称"居庸关"，中间有狭长的溪谷，俗称"关沟"。居庸关的中心，有一过"街塔"基座，名"云台"。电话：69771665，开放时间：淡季8:30～16:30，旺季8:00～17:00。

💬 旅游达人 游│玩│攻│略

1.游览明十三陵前，最好先请个导游或者通过上网查询、查看书籍等方式了解下陵园的典故和相关资料，避免进去后看到的只是一些"普通的石头和棺木"。还有一种既简单又省钱的办法，就是进陵园后跟在别的导游后面走，免费蹭听他们的讲解。

2.陵区面积较大，游览明十三陵时，建议穿旅行休闲鞋，尽量少带些东西。另外，陵区内不允许吸烟。同时，游客尽量不要与陵墓合影（据说不太合风俗）。

3.明十三陵中只有总神道、长陵、定陵、昭陵是对游人开放的，其中长陵的祾恩殿内有珍贵的楠木大柱子，定陵地宫对外开放（可在棺床、座椅上扔钱，据说可以带来好运）。推荐游览线路：总神道—长陵—定陵—昭陵。

4.居庸关长城地势险要，注意照顾好自己身边体弱的亲友，还需带足水、食物来补充体力。

昭陵

十三陵神道

04 鸟巢、水立方
中国最精美的体育场馆

鸟巢、水立方是我国举办第29届北京奥林匹克运动会的主要场馆。鸟巢就是国家体育场，北京奥林匹克运动会时，曾举办过奥运会开幕式、闭幕式、田径比赛等赛事活动；水立方就是国家游泳中心，北京奥林匹克运动会时，曾举办过游泳、跳水等赛事。走进鸟巢，设计精美、形似鸟巢的金属框架、规模庞大的看台、宽广的绿茵场地顿时映入眼帘；漫步水立方，天蓝色肥皂泡覆盖下的框架、天蓝色的座椅、天蓝色的池水、构成了特有的天蓝色情调。

奥林匹克公园景点分布示意图

奥林匹克公园火炬

地址： 朝阳区国家体育场南路1号（鸟巢），朝阳区天辰东路11号（水立方）

交通： 市内乘386、407、656路等公交车在北辰桥西下；或乘地铁8号线在奥林匹克公园下

门票： 鸟巢50元；水立方30元（活动票除外）

开放时间： 鸟巢：淡季9:00～17:30，旺季9:00～19:00；水立方：9:00～18:00

电话： 84373008（鸟巢），84370112（水立方）

🚌 这样游览最便捷 ·······························

🕐 上午：鸟巢、水立方 ▶ 国家体育馆

🕐 下午：国家奥林匹克体育中心

📍 **国家体育馆：** 位于奥林匹克公园内。该馆以中国"折扇"为设计灵感，充分体现了"绿色奥运、科技奥运、人文奥运"的奥运理念与"节俭办奥运"的原则。

开放时间：9:00～17:00

电话：66699185

📍**国家奥林匹克体育中心：**位于朝阳区安定路1号。这里一共承办了亚运会、奥运会、残奥会三届盛大体育赛事。如今，这里已经成为了市民健身、休养身心的地方。

开放时间：9:00～17:00

电话：64910218

💬 **旅游达人** 游｜玩｜攻｜略

　　1.游览鸟巢、水立方时，最好能自带相机或用手机拍照，或者在鸟巢、水立方外面专设的照相亭拍照。建议游客尽量不要信听那些拿着照相机，举着块牌子的人，他们给你拍照时，不会跟你说明具体价格，你容易被"坑"。另外，在鸟巢、水立方外面的小卖部买东西时，要有思想准备，景区的价格比市场价格贵。

　　2.奥林匹克公园内是没有餐馆的，公园外能吃饭的地方也离得较远，想要解决就餐问题，可以在场馆外的小卖部买泡面（可口可乐冷饮店有卖盒饭的，但很贵），或者在奥林匹克沉降广场中吃麦当劳。建议自己带食物去游玩。

05 天坛
世界上最大的古代祭天建筑群之一

天坛是明、清朝两代帝王祭天、祈谷的地方，也是保存较为完好的坛庙建筑群。天坛的规模比故宫还大，内部有两重垣墙，形成内、外坛，主要建筑由祈年殿、皇穹宇、圜丘三大部分组成。

天坛祈年殿

地址：东城区天坛内东里7号

交通：乘7、17、20路等公交车在天坛西站下；或乘地铁5号线在天坛东门站下

门票：淡季10元，旺季15元；祈年殿、回音壁、圜丘20元；神乐署、斋宫10元

开放时间：6:00～22:00，部分景点8:00开放

电话：67028866

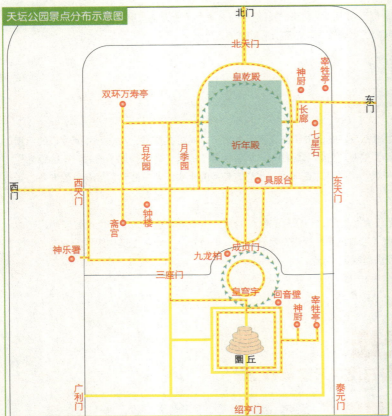

天坛公园景点分布示意图

北门
北天门
皇乾殿　神厨　宰牲亭
双环万寿亭　东门
祈年殿　长廊　七星石
百花园　月季园
西门　西天门　具服台　东天门
斋宫　钟楼
神乐署　成贞门
九龙柏
三座门　皇穹宇　回音壁　宰牲亭 神厨
圜丘
广利门　泰元门
绍亨门

天坛

🚌 这样游览最便捷 ••••••••••

游客上午游览完天坛全部景观后，下午可以前往红桥市场购物。该市场位于东城区天坛路9号，是一个以经营珍珠为主的国际化旅游商品市场，里面出售珍珠、小商品、纪念品，是北京市最受欢迎的商品市场之一。电话：67133354，开放时间：9:00～19:00。

💬 旅游达人 游|玩|攻|略

1.游览天坛的最佳季节一般为春、夏、秋三季。冬季的天坛天气寒冷，不过这时的天坛较为冷清，你可以更好地体会三音石、回音壁等声学建筑物的声学效果。另外，不管什么季节前去，最好能尽早进入天坛。

2.游览红桥市场时，需要注意的是里面小商品开价较高，要学会砍价。另外，里面的珍珠种类较多，买前最好学会辨别珍珠的品质。

颐和园
我国保存最完整的皇家行宫

颐和园集湖光山色于一体，容亭台楼阁、水榭长廊于一园，具有浓郁的皇家园林气息。万寿山和昆明湖是颐和园的基本框架，园内古树郁郁葱葱，建筑主要以佛香阁为中心，长廊、石舫、苏州街、十七孔桥、谐趣园、大戏台、四大部洲等遍布周围，构成了一座大型的山水园。

地址：海淀区新建宫门路19号
交通：乘330、331、346路等公交车在颐和园站下车；或者乘374、437路等公交车在颐和园新建宫门站下车
门票：淡季20元，旺季30元；联票：淡季50元，旺季60元（包括颐和园门票和园中园门票）
开放时间：淡季7:00～17:00，旺季6:30～18:00；园中园：淡季9:00～16:00，旺季8:30～17:00
电话：62881144

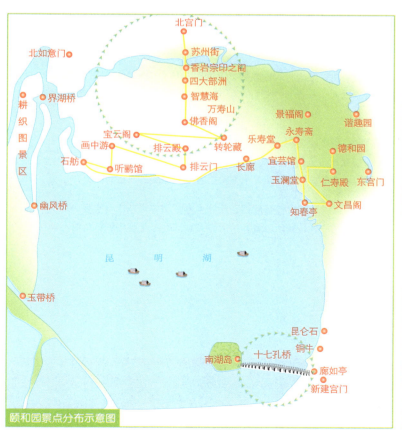

颐和园景点分布示意图

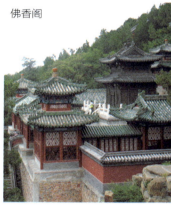

佛香阁

苏州桥

📖 **这样游览最便捷** ••••••••••••••••••••••••••••••••••••

🕐 上午：颐和园
🕐 下午：中央电视塔 ▶ 太平洋海底世界

📍 **中央广播电视塔：** 位于海淀区西三环中路11号。该塔集广播电视发射、旅游观光和餐饮娱乐于一体，是北京市现代化建设的一个重要标志。太平洋海底世界就在其中。

开放时间：8:30～22:00

电话：66093382

📍 **长城全周影院：** 位于西三环中路11号中央广播电视塔下。该馆由中国和新加坡合资修建，是集科普教育和观赏娱乐于一体的综合性现代化博览馆。

开放时间：淡季8:30～17:30；旺季8:00～18:00

电话：68714695

💬 **旅游达人** 游｜玩｜攻｜略

1.游览颐和园一般以4～5个小时行程为最佳，游人从东宫门进入，然后从新建宫门出来。推荐游览路线：东宫门—仁寿殿—文昌院—玉澜堂—宜芸馆—乐寿堂—长廊—排云殿—佛香阁—石舫—乘船至南湖岛—十七孔桥—铜牛—新建宫门。

2.游览颐和园园中园时，如果你安排的时间比较紧凑，同时对历史宗教兴趣并不十分浓厚，则可以忽略文昌苑、苏州街澹宁堂这两个景点，这样你不但节省了时间，还可以在购买联票时省去15元的费用。

3.在颐和园游玩，你可以租一条小船，在水上观赏公园内的景点。颐和园内有8个游船码头，5个船种。游客乘电瓶车可到文昌阁或排云殿码头；乘手划船可到八方亭码头；乘脚踏船可到文昌阁或玉澜堂码头；乘龙船摆渡可到石丈亭或铜牛码头；乘大船摆渡可到南湖岛或石舫码头。

4.游览中央广播电视塔时，你可以凭在旋转餐厅用餐后的餐券，在停车场享受免费停车3小时的待遇。另外，如果你是在生日那天前往旋转餐厅就餐，可以凭有效证件享受餐厅的免费餐。

07 圆明园
曾经的万园之园

圆明园是一座艺术宝库，也是一座举世闻名的皇家园林。圆明园原有的奢华建筑物和众多珍宝已被英法联军洗劫捣毁一空，如今这里只剩下原有的园林格局、建筑基址、假山叠石以及修复后的西洋楼遗址、九州景区、蓬岛瑶台遗址等可供游人参观。

圆明园景点分布示意图

谐奇趣北喷水池
万花阵
海晏堂蓄水池合基
西洋楼景区
福海酒家
黑天鹅观赏区
海岳开襟
慈云普护
含经堂
上下天光
圆明园
仙人承霜
圆明园牡丹
杏花春馆
天然图画
曲院风荷
圆明园遗址公园
圆明园二宫门
坦坦荡荡
石舫遗迹
快餐厅
镂月开云
如意桥
世纪华联超市福缘门店
仙人承霜
北京福运来旅馆
南大桥
巴山情
四川好吃馆
庄严法界
正大光明
天心水面
兰州老马家拉面
残桥
圆明园研究院
西静园公墓
福缘花园商务酒店
迎晖门
餐吧
超市发一亩园店

圆明园

地址：海淀区清华西路28号

交通：乘319、320、331路等公交车在圆明园南门站下车；或乘地铁4号线至圆明园站B口出即到

门票：10元，月票15元；西洋楼遗址景区15元；圆明园盛时全景模型展10元

开放时间：1～3月、11～12月7:00～19:30；4、9、10月7:00～20:30；5～8月7:00～21:30

电话：62569609/62637561

圆明园

旅游达人　游｜玩｜攻｜略

1.游览圆明园时，建议先在入口处买一份地图。圆明园很大，里面景点很多，步行游览可从大宫门进入，沿着路直走，并参照手中的地图进行游览。另外，园内岔道比较多，不要遇到岔路就拐弯，避免越走越远，从而消耗过多的体力。

2.游览黄花阵时，想要到达中心亭，最好边走边问或者跟随带团来游玩的导游走，不然你在里面转悠半天都可能无法到达。

3.圆明园在七八月份举办荷花节，喜欢荷花和爱好摄影的游客可以选择陆上和水上两种方式在园中赏荷。陆上赏荷路线：南门—小院—小花园—鉴碧亭—涵秋馆—三园交界—风荷楼—海岳开襟—转香帆—法慧寺—全景模型—东门。水上赏荷：租游船穿行于长春园水道中（应注意安全，避免掉落水中）。

4.想在圆明园就餐时，可以去三孔桥快餐、风荷楼茶室、展览馆快餐、迷宫快餐、福海酒家（订餐电话：62569688）。

5.水路游览圆明园时，可以租船穿梭于圆明园管理处码头(圆明园南门)、圆明园福海码头、圆明园方壶胜境码头（遗址西口）、长春园海岳开襟码头（手摇橹船）及圆明园盛时全景模型展码头（手摇橹船）这五个码头中，观看景致。具体游船类型与费用如下图所示：

圆明园

类型或线路	费用	押金
脚踏船（4座）	60元/小时	200元
脚踏船（6座）	80元/小时	300元
手划船（4座）	40元/小时	200元
手划船（6座）	60元/小时	200元
仿古电瓶船（4座）	80元/小时	300元
10座仿古画舫观光船（游览福海）	10元/人	无
圆明园南门——遗址西口水上交通观光线路	20元/人（单程）	无
圆明园盛时全景模型展——海岳开襟水上观荷线路	15元/人（单程）	无

08 恭王府
我国保存最为完整的王府建筑群

恭王府原名"和第"，因恭亲王奕䜣而改名，是历史上显赫一时的王府。恭王府分东、中、西三路建筑，府内"处处见水"，三路建筑中各有三个院落，每路建筑中的后两个院落以及府邸最后面的后花园为游人游览的主要区域。

地址：西城区前海西街17号

交通：乘13、42、107（电车）路等公交车在北海北门站下，沿什刹海一路向北走即可到达；或者乘地铁6号线在北海北门站下，出B口（东北口），走三座桥胡同直行200米即到

门票：40元；套票70元（包括有：门票；专业讲解服务；参观开放的景点及展厅；观看王府大戏楼，并在戏楼内欣赏北京传统节目演出、品尝王府盖碗茶和小吃。）

开放时间：淡季8:30～16:00；旺季7:30～16:30

电话：83288149

恭王府

💬 旅游达人　游|玩|攻|略

1.游览恭王府时，如果没有导游带领，最好买联票，这样不仅能参观更多的景点、品尝到美味的小吃，还能通过专业讲解员对景点中蕴含的历史典故的讲解，达到更好的游览效果。

2.游览恭王府，千万不要错过后花园中的"福"字石碑，这是康熙亲笔所写，乃镇宅之宝。不过，当有人介绍给你去买园内的"福"字装饰品时，你最好慎重考虑下。

3.中小学生游览恭王府时，可以选择周一，拿着学校的介绍信前去免费参观。不过，需要提前一天预约（预约电话为83288149），参观总人数不能超过100人，且黄金周期间不能免费参观。

4.在恭王府游玩后，记得前往恭王府东侧的一条羊房胡同中，找到历家菜餐馆。这可是一家海内外闻名的餐馆，里面以清代宫廷菜肴为主，你可以前去尝下当年皇上、太后的御膳。

09 北海公园
我国历史园林的艺术杰作

北海公园博采众长，是我国园林艺术的瑰宝，主要由琼华岛、东岸、北岸、团城四部分组成，园内山水环绕，主要有琼岛春阴、永安寺、引胜亭、画舫斋、濠濮间、镜清斋、天王殿、五龙亭、九龙壁、承光殿、白塔等景点可供游览。

地址： 西城区文津街1号

交通： 乘5、101、103路等公交车在北海公园站下车；或乘地铁6号线在北海北站下车

门票： 淡季5元；旺季10元；琼岛10元；团城1元

开放时间： 11月至次年3月6:30～20:00；4～10月6:30～21:00

电话： 64033225

北海公园

🚌 **这样游览最便捷** ••••••••••••••••••

游客上午游览完北海公园后，下午可以前往景山公园游玩。该公园位于西城区景山西街44号，主要由三座园门、绮望楼、五座峰亭、寿皇殿、永思殿等建筑组合而成，园内还分布有银杏园、海棠园、牡丹园、桃园、苹果园、葡萄园等花开、果木园。电话：64044071，开放时间：春秋季6:00～21:00；夏季6:00～22:00；冬季6:30～20:00。

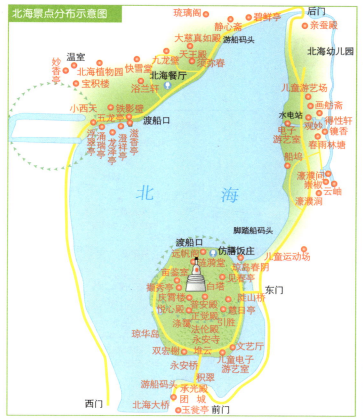

北海景点分布示意图

北海公园

旅游达人　游｜玩｜攻｜略

1.游览北海公园时，你可以自行带些食品和饮料，也可以在园内快餐店和小卖部内解决就餐问题。当然，还可以去仿膳饭庄，品尝御厨真传的厨师做出来的菜肴。

2.游览北海公园，如果你有足够的时间可以选择这条线路：团城—普安殿—悦心殿—白塔—濠濮间—静心斋—九龙壁—五龙亭—小西天—琼岛（大约5个小时）；时间有限则可以选择这条线路：团城—普安殿—悦心殿—白塔—渡船—五龙亭—小西天—九龙壁—静心斋（大约3个小时）。你还可以坐游船环湖游玩，游船种类有以下三种：小型船只、摆渡、大型船只，游船联系电话：64016935/64037993。

3.北海公园在每年8月荷花盛开时节以及11～12月菊花盛开时节，会举办荷花节和"北京市市花菊花展"。爱好摄影和养花的游客，可以在这段时间前往参观。

4.游完北海，如去游玩景山公园，可以登上景山中峰最高处——万春亭中俯瞰故宫全景，从万春亭下山到达景山东坡时，你可以看到一颗歪脖子槐树，这就是传说中崇祯自缢的地方。

10 香山公园
一座具有山林特色的皇家园林

香山公园历史源远流长，因11月有如火的香山红叶而闻名海内外。在香山公园游玩，你可以看到峰峦叠翠的千年名山、深秋闻名遐迩的漫山红叶、极其珍贵的古树名木、星辰散布的亭台楼阁，可以感受鸟啼虫鸣、松鼠嬉闹于沟壑林间、游人悠然自得的大自然的气息。

香山景点分布示意图

金刚宝座塔 洗心亭 念青斋
孙中山纪念堂 碧云寺餐厅
罗汉堂 钟楼 碧云寺
鼓楼 下站 北门
香炉峰(鬼见愁) 中站 车线 眼镜湖
上站 登山缆 见心斋
琉璃塔 昭庙 香山别墅
梯云山馆 玉华四院 松林餐厅
西山晴雪 英容馆 管理处
平台 玉华三院 多云亭 望峰亭 东门
多景亭 玉华山庄
栖月山庄 阆风亭 静翠湖
朝阳洞 香山饭店
森玉笏 洪光寺 平山亭 看云起
玉香馆 白松亭 双清别墅
香山寺遗址
红叶林

地址： 海淀区买卖街40号
交通： 乘331、318、360路等公交车在香山站下车
门票： 淡季5元；旺季10元；碧云寺10元（无半价票）；索道60元
开放时间： 春秋季6:00～18:30；夏季6:00～19:00；冬季6:00～18:00
电话： 62599886

香山

🚌 **这样游览最便捷**
🕐 上午：香山公园
🕐 下午：买卖街 ▶ 抗战名将纪念馆

香山红叶

📍 **买卖街：**位于海淀区西部。该街道原是清朝皇帝取乐的场所，如今是前往香山的必经之地，也是集吃、喝、玩、乐、购于一体的街道。

📍 **抗战名将纪念馆：**位于海淀区香山北正黄旗18号。该纪念馆共分楼上楼下两层，是我国唯一一座以抗日战争名将和英烈为展览主题的纪念馆。

开放时间：8:00～17:00

电话：82599808

💬 **旅游达人** 游|玩|攻|略

1.前往香山游玩时，记得穿一双轻便、舒适的鞋子，这样逛起来脚部不会太累。

2.香山公园附近有卖吃的、工艺品的地方，你可以在那里购买一些你喜欢的物品。另外，爬山肯定会耗费体力，而山顶上卖的东西又会比较贵，所以想用食物、水补充体力的话，最好在山脚下买了带上去。

3.香山公园内有一间松林餐厅主要经营鲁菜，游园时可以进去品尝。餐厅内还有一款非常适合老年人食用的宴席——"三班九老宴"，你可以将此宴作为给老人祝寿的寿宴（此宴席需提前与餐厅联系、预订，联系电话：62591296。

4.香山红叶以黄栌树为主体树种，每年10月中旬至11月上旬，香山会举办红叶节，可以观看满山红叶的胜景（尽量不要在周末前往香山，那时人多车多，会影响你的观赏心情；如果一定要在周末去就尽量早到达香山），推荐赏红叶线路：从东门进后左转，沿着静翠湖—翠微亭—双清别墅—香山寺—阆风亭—和顺门—豫泰门—香炉峰游览。

11 雍和宫
我国规格最高的一座藏传佛教寺院

雍和宫是汉藏文化相结合的瑰宝，也是藏传佛教皇家寺院。雍和宫原为康熙皇帝四子胤禛的府邸。宫内主要建筑由三座精致的牌坊和天王殿、雍和宫大殿（大雄宝殿）、永佑殿、法轮殿、万福阁这五进大殿组成，装饰华美，处处流露着浓浓的宗教气息。

地址： 东城区雍和宫大街12号

交通： 乘13、116、117路等公交车在雍和宫站下车；或乘地铁2、5号线到雍和宫站下车，从C口出即是

门票： 25元

开放时间： 冬季9:00～16:00（每年11月1日至次年3月31日）；夏季9:00～16:30（每年4月1日至10月31日）

电话： 64044499

🚌 这样游览最便捷

游客上午游览完雍和宫后，下午可以前往孔庙和国子监博物馆游玩。该博物馆位于东城区国子监街13—15号。孔庙和国子监都有三进院落，其中孔庙是皇帝举行国家祭孔典礼的场所；国子监是元、明、清三代设立的最高学府，又称"太学"。电话：64057214；开放时间：淡季：8:30～17:00（11月至次年4月）；旺季：8:30～18:00(5～10月)。

💬 旅游达人 游｜玩｜攻｜略

1.雍和宫每逢初一、十五，拜佛的人尤其多，单纯想游玩的游客尽量避开这个时段。游客在雍和宫内礼佛时，应注意保持恭敬、萧静，不会礼拜的游客可以跟着周围的佛教信徒学习。另外，雍和宫所有大殿内均不要燃香、拍照。

2.游览孔庙和国子监博物馆时，最好请导游带着游览，这样就可以更多地了解景区中的历史典故。当然，能提前通过上网和翻阅相关书籍了解更好。另外，国子监中有一处挂许愿牌的地方，考生可以在这里挂牌祈求考试顺利，非考生也能挂牌祈求家人平安。

12 地坛公园
我国现存的最大的祭地之坛

地坛公园是古都北京五坛中的第二大坛，也是明、清两代皇帝祭祀"皇地祇神"的场所。地坛公园内的建筑遵循我国古代"天圆地方"、"天青地黄"等传统理念构思设计而成，园内现存的古建筑主要有方泽坛、皇祇室、宰牲亭、斋宫、神库等。

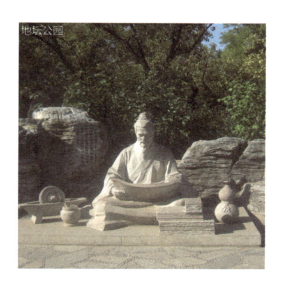
地坛公园

地址：东城区安定门外大街
交通：乘地铁2、5号线在雍和宫站下车步行到达
门票：2元
开放时间：6:00～21:00
电话：64214657

🚌 这样游览最便捷 ••••••••••••••

游客上午游览完地坛公园后，下午可以前往青年湖公园游玩。该公园位于东城区安德里北街，内部有烁园、报春屿、荷塘、胜蓝轩、宜园等景色各异的景区，还有儿童游乐场、水上游乐园、门球场等娱乐场所，是休闲、纳凉的好去处。电话：84116321转8000；开放时间：6:00～21:00。

💬 旅游达人　游|玩|攻|略

1.地坛公园每年除夕至正月初七会举办盛大的地坛庙会，庙会活动有一系列颇具民族、民间、民俗特色的精彩活动表演，在此期间还可以品尝到许多特色的小吃，庙会具体开始时间和活动可参照官网信息（地坛公园官网：www.dtpark.com）。值得注意的是，庙会上的人会比较多，应注意自身的人身和财产安全，注意饮食卫生。

2.游览地坛公园，银杏大道自然是不能错过的景致。每年10月底开始，银杏大道就会被金黄色的银杏叶覆盖起来，走进铺满金色树叶的大道上心里会产生一种美滋滋的感觉。不过，要注意尽量避开有书市、展销会的时间段游览银杏大道。

3.在地坛公园游玩后解决就餐问题，有着西藏风情的圣宴墨脱餐厅是个不错的选择。圣宴墨脱餐厅主要以石锅菜（据说，这石锅是老板从西藏带回来的）为主，包括有石锅手掌参炖鸡（炖的时间较

长，要提前预订）、石锅排骨、石锅猪蹄、石锅鱼等菜肴，这里面的酸奶也值得品尝。圣宴墨脱餐厅位于东城区安外大街上龙西里36号金驰宾馆1楼(安定门桥西北角)，电话：84132365。

4.青年湖公园面积不大，最适合游玩的季节为夏季，这时公园内树木葱翠，景色宜人，适合休闲、纳凉。同时，夏季也可以带着孩子游玩水上游乐园。

钟鼓楼
元、明、清代的报时中心

钟鼓楼是我国古代用以报时的公共性建筑，是钟楼和鼓楼两座古建筑。鼓楼分为上下两层，下层东北隅有蹬楼通道通往上层；上层大厅陈列有25面更鼓（1面大鼓、24面群鼓）和碑漏、铜刻漏。钟楼一层东北角开有蹬楼小券门，登75级台阶后可到达二层。二层陈列有悬挂于八角形木框架上的、被誉为古钟之王的报时铜钟。

💬 旅游达人　游 | 玩 | 攻 | 略

钟鼓楼报时作用原在溥仪离开紫禁城后就已废止，但在2001年岁末（12月31日）午夜23:57，鼓楼群鼓再次被敲响。如今，游玩钟鼓楼时，你可以在特定的时间观看到鼓楼击鼓表演，具体时间为：淡季9:30、10:30、11:30、13:30、14:30、15:30、16:50；旺季9:30、10:30、11:30、13:30、14:30、15:30、16:30、17:15。

地址： 西城区地安门外大街　　　　　　**门票：** 鼓楼20元；钟楼15元；通票30元

交通： 乘5、60、82路等公交车在鼓楼（南）站　　**开放时间：** 淡季10:00～17:00；旺季9:00～17:30

下车即到　　　　　　　　　　　　　　　**电话：** 84027869

钟鼓楼

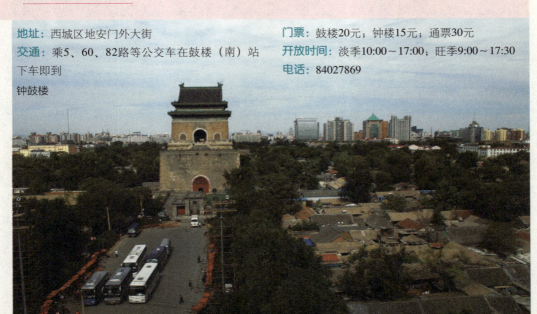

14 元大都城垣遗址公园
最能反映元大都城市规划建设的历史遗迹

元大都城垣遗址公园是一座具有文化历史内涵的现代化遗址公园，它的存在对于人们探索元朝的文化历史有着重要意义。元大都城垣遗址公园被六条城市道路划分为七个板块，共分为双都巡幸、四海宾朋、海棠花溪、安定生辉、大都鼎盛、水街华灯、龙泽鱼跃七大景区，园内浮雕、雕塑众多，还保留有元代古城墙。

地址： 朝阳区建安东路
交通： 乘地铁10号线在安贞门站下车
门票： 免费
开放时间： 冬季6:00～22:00；夏季5:30～22:30
电话： 84648252

元大都城垣遗址公园

旅游达人　游|玩|攻|略

海棠花溪景区内有着数目众多的海棠树，每年4月中上旬，景区会举办海棠花节，届时会有大批摄影爱好者和爱花者前来景区赏花、拍照。想要知道海棠花节具体举办时间，可以打电话咨询，咨询电话：84648252。

逛遍知名博物馆

01 中国国家博物馆
世界上最大的博物馆之一

中国国家博物馆

中国国家博物馆有着深厚的历史文化底蕴，是广大华夏儿女传承历史、开拓未来的精神家园。博物馆总面积达6.5万平方米，展厅数目众多，馆内收藏有包括琅琊刻石、云南元谋人牙齿、司母戊鼎在内的数以百万计的藏品，其中琅琊刻石为镇馆之宝。

地址：东城区天安门广场东侧
交通：乘1、2、10路等公交车在天安门东站下车；或乘地铁1号线在天安门东站下车
门票：免费
开放时间：9:00~17:00（周一闭馆）
电话：65116400

🗨 旅游达人　游｜玩｜攻｜略

　　1.参观中国国家博物馆时，最好通过手机短信、上网和电话预约这3种方式提前预约。手机短信预约：移动、联通、电信用户均可编辑手机短信，"Y+4位数参观日期(2位月份，2位日期)+本人有效身份证件上的姓名"，发送到10660208，信息费每条1元。短信发送后，预约编码将通过短信发送到您的手机上。网上预约，请登录www.chnmuseum.cn网站查看。预约完成后，可在参观当天到北门票务中心凭有效证件领取门票。如没有提前预约，可凭有效身份证件到西门票务中心领取门票。

　　2.中国国家博物馆，安检特别严格，注意别带危险物品。另外博物馆很大，建议穿比较轻便的鞋进去参观，并将随身携带的包裹寄存起来。

　　3.游览中国国家博物馆时，你可以选择语音导览和专职讲解员导览两种方式为你游览。想要语音导览，可以凭本人有效证件和100元押金在西大厅内的服务台办理导览机租赁手续，租赁费用为30元。想要专职讲解员导览，则必须在规定的时间在指定的地点等候，博物馆内的讲解时间具体安排如下表所示：

	《古代中国》基本陈列	《复兴之路》基本陈列	专题展览
第一场	9:15	9:15	9:15
第二场	9:45	9:45	14:00
第三场	14:00	14:00	14:30
第四场	14:30	14:30	—
讲解开始地点	《古代中国》序厅	《复兴之路》序厅	《中国古代青铜器艺术展》南侧入口
每场讲解时长	约2小时	约1.5小时	约2小时

中国国家博物馆

02 中国美术馆
我国最大的美术馆

中国美术馆建筑规模较大，是集收藏、研究、展示国内外艺术家作品于一体的博物馆。馆内各类美术作品收藏十分丰富，主要以新中国成立前后时期的作品为主，以明末、清代、民国初期艺术家的杰作以及外国美术作品为辅助。此外，美术馆还会时常举办各类美术展览及国内外著名艺术家作品展览。

地址： 东城区五四大街1号
交通： 乘101电车、420路等公交车在美术馆东站下车
门票： 免费
开放时间： 9:00～17:00
电话： 84033500/64001476

🚌 这样游览最便捷 ••••••••••

上午游览完中国美术馆后，下午可以前往皇城根遗址公园游玩。该公园位于中国美术馆西边，是一座南北条带状的公园，园内环境优美，主要景观有地下墙基遗存、复建小段旧皇城城墙、东厂和翠花胡同间的四合院等。

💬 旅游达人　游│玩│攻│略

1.中国美术馆内经常会举办各种展览，但馆内的免费票有票量限制，一旦票被领完，馆内工作人员就会禁止未领票的游客入内参观。假如你想看展览，就可以在中国美术馆官网上查询展览举办时间，然后提前预约（官网网址：www.namoc.org）。

2.皇城根遗址公园是完全开放性的公园，在这里一边漫步、一边赏景是个不错的选择。

中国美术馆

中国人民革命军事博物馆
我国唯一的国家级大型综合性军事博物馆

中国人民革命军事博物馆气势恢宏，在海内外都享有盛名。博物馆内主要以军事历史陈列为主，军事科技、军事艺术陈列为辅，全方位展示了我国各时期的战争历程、武器装备和世界上其他国家的武器装备。

地址： 海淀区复兴路9号
交通： 乘1、21、68路等公交车在军事博物馆站下车；或乘地铁1号线、9号线在军事博物馆站下车
门票： 免费
开放时间： 夏季：8:30～17:30（4月～10月）；冬季：8:30～17:00（11月至次年3月）；周一闭馆
电话： 66866244/66866242

这样游览最便捷
上午：中国人民革命军事博物馆
下午：中华世纪坛 ▶ 玉渊潭公园

中华世纪坛： 位于中国革命军事博物馆西侧。这是我国第一家以世界艺术为收藏、展示、研究对象的博物馆，基本陈列由世界艺术基本陈列厅、专题陈列厅和数字艺术馆三部分组成。
电话：59802222

开放时间：9:00～17:00（周一闭馆，举办特展时周一不闭馆）

玉渊潭公园： 位于中华世纪坛北侧。该公园环境优美，湖光树影，园内有东湖、西湖和八一湖三处水面，还有樱花园、留香园、中山岛等美丽景区。
电话：88653800

玉渊潭公园

💬 **旅游达人** 游｜玩｜攻｜略

1.参观中国人民革命军事博物馆时，可以选择听讲解员讲解、租用语音导览机两种方式进行参观。听讲解员中文普通话讲解，可以在游玩当天到博物馆一楼大厅左侧服务台登记，但最好是提前一天打电话与服务台预约，预约电话：66866183。租用语音导览机时，需要交付100元押金（归还时退还押金），语音导览机是不收租金的。

2.游览中华世纪坛时，建议去中华世纪坛碑北侧的圣火广场中，看一下终年不灭的"中华圣火"。

3.从南向北游完中华世纪坛后，建议从玉潭公园南门进入玉潭公园内游玩。每年3月底至4月底之间，玉潭公园中的樱花园内会举办樱花节，节日期间，玉潭公园门票会由原来的2元涨至10元。

04 中国电影博物馆
世界上最大的国家级电影博物馆

中国电影博物馆为了纪念我国电影诞生100周年而建，是展示我国电影发展历程、传播电影文化的艺术殿堂。该博物馆拥有世界上最新的电影放映技术和设备，馆内设有巨幕电影厅、数字电影厅在内的多个展厅，可以让观众全方位地了解我国电影发展过程、感受电影文化的魅力。

中国电影博物馆

地址： 朝阳区南影路9号
交通： 乘402、418、688路等公交车在南皋站下车，按路标指示牌走即到
门票： 免费
开放时间： 9:00~16:30；周一闭馆（如法定节假日为周一，则正常开放）
电话： 84355959/51654567

🚌 **这样游览最便捷**••••••••••••••••

游客上午游览完中国电影博物馆后，下午可以前往中国铁道博物馆游玩。该博物馆位于朝阳区酒仙桥北路，馆内分为机车车辆展厅、综合展厅两部分，主要展示了我国铁路不同历史时期的不同机车，生动、形象地展示出了我国火车发展的具体过程。电话：64381317/64381517；开放时间：9:00~17:00（星期一闭馆）。

💬 旅游达人　游|玩|攻|略

1.游览中国电影博物馆时，游客不能在博物馆范围内食用自带的食物，在博物馆内餐厅、咖啡厅内购买的食物也应在指定区域食用。

2.中国电影博物馆主要以预约参观为主，游客可以通过电话和网上这两种方式预约。预约观众如果11:00、15:00以后未到博物馆内领票，当日预约则可能被取消。预约电话：51654567/84355959，预约网址：sso.cnfm.org.cn。不过，馆内每日也有极少数的参观票可供游客领取。

3.中国电影博物馆门票是免费的，游客在里面看电影则会另外收取费用（每场电影票价都不同）。此外，馆内还有些电影是不收费的。

4.参观中国铁道博物馆时，凡是有梯子的火车都可以登上去近距离观看。该博物馆比较适合带小孩子前去观看，但由于馆内有较重的机油味，所以不喜欢闻这种气味的游客，尽量不要在里面待的太久。

中国紫檀博物馆
我国规模最大的专题类民办博物馆

中国紫檀博物馆的场馆由富丽典雅的仿明清建筑群组成，是集收藏研究、陈列紫檀艺术，鉴赏我国传统古典家具于一体的大型博物馆。馆内设有陈列厅、宣教厅、开放式影视厅等展览厅，主要陈列展示的是明清时期的珍贵紫檀木雕塑和紫檀木家具。其中，最令人震撼的莫过于《清明上河图》大插屏群雕和紫檀木紫禁城角楼。

中国紫檀博物馆

地址：朝阳区建国路23号
交通：乘666、312路等公交车在高碑店桥东站下车，向西走200米即到；或乘八通线城铁在高碑店站下车，向西走200米即到
门票：50元
开放时间：9:00～17:00；周一闭馆
电话：85752818

🚌 **这样游览最便捷** ·······················

　　游客上午游览完中国紫檀博物馆后，下午可以前往兴隆公园游玩。该公园位于中国紫檀博物馆东北侧，占地面积较大，园内有小山、湖泊、绿色灌木、仿古亭台，来这里游玩可以享受一份平和与清静。电话：85759918；开放时间：5:00～22:00。

💬 **旅游达人　游│玩│攻│略**

　　1.游览中国紫檀博物馆时，你可以选择语音导览服务和人工讲解服务，以辅助自己了解这个博物馆的馆藏。想要享受语音导览服务，可以在服务台租一台语音导读机，租金为20元，押金为200元。想要享受讲解服务，则可以在服务台申请，价格为80元。

　　2.中国紫檀博物馆内，有茶室、宴会厅、多功能会议厅、夏日露天自助宴会等服务，游客可以在里面品茶、开会、举行宴会。想要知晓怎样预订会议厅和举办宴会，可致电询问：85752818。

　　3.中国紫檀博物馆门前的停车场可以免费停车；馆内只有六处可以拍照（说明牌上有相机标志），其余则是禁止拍照的。

　　4.游览兴隆公园时，游人可以在湖上划船、钓鱼。此外，公园北区有爱马士俱乐部，可以前去挑上一匹好马，驰骋一番。

06 北京自然博物馆
我国著名的自然博物馆之一

　　北京自然博物馆是我国凭借自身力量筹建的第一座大型自然科学类博物馆。该博物馆展览规模庞大，主要有基本陈列、临时展览、3D影院三种陈列方式，陈列展览了古黄河象头骨化石、井研马门溪龙化石、亚洲象标本等众多珍贵标本，生动、形象地揭示了大自然生物生存、演化的奥秘。

北京自然博物馆

地址： 东城区天桥南大街126号

交通： 乘7、20、35路等公交车在天桥站下车

门票： 免费

开放时间： 9:00～17:00；周一闭馆

电话： 67031637

💬 **旅游达人** 游｜玩｜攻｜略

1.北京自然博物馆每日都有免费门票预约限制，游客前往参观时，一定要记得通过电话和网上两种方式提前预约。预约电话：**67027702**，预约网址：**www.bmnh.org.cn**。假如你没有提前预约，那就必须掏10元钱购买门票才能入内参观。

2.北京自然博物馆比较适合带小孩子前去游玩，可以让他们认识不同种类的动植物，引起他们揭开大自然的奥秘的兴趣。不过，馆内的人体标本馆都是由真实的人体标本组成的，建议不要带小孩子去看，避免给他们留下不好的影响。

07 北京天文馆
我国第一座天文馆

北京天文馆由北京天文馆、北京古观象台两部分组成，是自然科学类的专题性博物馆。天文馆常举办天文知识展览、组织天文观测等活动，还举办天文讲座、天文培训等科普活动，向社会公众宣传普及天文学知识。

地址： 西城区西直门外大街138号

交通： 乘特4、27、运通105路等公交车在动物园站下车；或乘地铁4号线在动物园站下车

门票： A、B馆展厅10元；B馆3D动感剧场30元；B馆4D动感剧场30元；B馆宇宙剧场45元；A馆天象厅45元

开放时间： 周三至周五9：30～15：30，周六、周日9：30～16：30，周一、二闭馆，寒假9：30～17：00，暑假9：00～17：30，无闭馆日

电话： 68312517/68352453

北京天文馆

 旅游达人　游│玩│攻│略

1.北京天文馆是增长天文知识的好地方，门票偏贵，在游玩的时候不要错过穹幕版的《银河铁道之夜》这部电影。

2.游览完北京天文馆后，中午可到地下一层北京天食坊美食中心就餐，这里面有海鲜水饺、牛肉拉面等众多特色小吃，是个能让你大饱口福的好去处。

08 观复博物馆
我国第一家私立博物馆

观复博物馆侧重于开放形式的展品展览，着重强调人与历史沟通，向参观者传达一种传统文化的亲和力。馆内设有瓷器馆、家具馆、油画馆等多个展厅，以展览瓷器和明清硬木家具为主，主要珍贵展品有磁州窑梅瓶、紫檀画桌、景泰蓝火龙纹壶等。

地址： 朝阳区大山子张万坟金南路18号

交通： 乘地铁2、13号线在东直门站下车，从C出口出，再到天恒大厦前乘418、688路公交车在张万坟站下车，往回走100余米可到

门票： 50元

开放时间： 9:00～17:00；每周一下午16:00闭馆

电话： 64338887

观复博物馆

 旅游达人　游│玩│攻│略

1.观复博物馆有时会因为某些原因临时闭馆，建议去之前通过打电话或者上网查询的方式，看一下是否有临时闭馆通知。电话：64338887，查询网址：www.guanfumuseum.org.cn。另外，观复博物馆比较偏远、难找，建议游客提前做好交通的功课。

2.观复博物馆的门票非常奇特，是书签形式的，共有六种款式，且每种款式上印的各种藏品图案都不同，你可以根据自己的喜好挑选门票款式。此外，博物馆门口处，还有一栋非常有意思的、用老子的《道德经》里面的文字装饰外墙的房子可以顺便参观一下。

3.参观观复博物馆时，建议穿一双轻便、舒适的鞋。博物馆会提供免费饮用水，不用自己带水进去，展览馆内是禁止饮水的，想喝水得去休息室；另外，观复博物馆内的藏品是不允许拍照的，建议想要在相机中留下回忆的游客向多在大门口拍几张照片。

中国航空博物馆
我国第一座对外开放的大型航空博物馆

中国航天博物馆是亚洲最大的航空珍品荟萃地之一，也是集科技教育、旅游于一体的国家级大型博物馆。该博物馆占地面积庞大，博物馆广场中央有一座用完整的黑色花岗岩制成"天魂"碑，馆内设有洞库展厅和露天停机坪展厅。洞库展厅主要收藏陈列地空导弹、雷达、中外航空图书资料等，露天展厅主要陈列着世界各国制造的各种飞机。

地址：昌平区大汤山脚下
交通：乘912路公交车在中国航空博物馆站下车
开放时间：8:30～17:30，周一闭馆（法定节假日除外）
电话：61784882

🗨 旅游达人　游｜玩｜攻｜略

游客想在中国航空博物馆蓝天野战营体验真人CS时，需要提前3天与中国航空博物馆馆社教部（电话：61784882）或野战营（电话：66916979）联系预约。蓝天野战营收费标准为全天（6小时）：成人248元，学生188元（含保险）；半天（3小时）：成人168元，学生128元。另外，还需支付服装、鞋租借费，具体租费可在进入蓝天野战营时咨询。

中国航空博物馆

10 中国科学技术馆

我国唯一的国家综合性科技馆

中国科学技术馆是体现"绿色奥运、科技奥运、人文奥运"三大理念的重要组成部分，也是我国为实施科教兴国战略、提高全民科学素质而修建的大型科学技术展览馆。该馆的教育形式以展览教育为主，馆内设有"科学乐园"、"华夏之光"、"探索与发现"、"科技与生活"、"挑战与未来"五大主题展厅和公共空间展示区，此外，还有球幕影院、巨幕影院、4D影院等特效影院。

地址： 朝阳区北辰东路5号
交通： 乘328、379、484路等公交车在洼里南口站下车，向北步行可到中国科学技术馆西门；或乘地铁8号线在奥林匹克公园站下车
门票： 30元

🗨 旅游达人　游｜玩｜攻｜略

1.在中国科学技术馆特效影院内看电影时，建议不要带心脏病、高血压患者观看球幕影院、动感影院。另外，动感影院不允许1.2米以下儿童及70岁以上的老年人进入观看电影。

2.自驾车前往中国科技馆参观的游客，需要将车停放在中国科学技术馆西门观众入口处南面的公共停车场内；当天购票的观众，建议从西门进入参观；另外，游客在参观途中因看电影、吃午饭、外出找人等原因，需要二次返回主展厅或科学乐园时，在检票口留下印记即可。

开放时间： 9:00～17:00（周二至周五），周一闭馆（法定节假日除外）
电话： 59041188

中国科学技术馆

11 国家动物博物馆
我国最大的普及动物科学知识的博物馆

国家动物博物馆集动物标本收藏与展示、科普知识宣传与教育、生物多样性描述与编目于一体，是凝聚了我国几代动物学研究专家的心血与智慧的大型博物馆。该博物馆建筑华美、壮观，共分为三层，馆内设有鸟类分馆、无脊椎动物分馆与无脊椎动物厅、鱼类、两栖类、爬行类分馆等几个展厅，同时还设有立体视觉效果极佳的4D影院。

地址：朝阳区北辰西路1号院5号
交通：乘81、83、85路等公交车在南沟泥河站下车
门票：40元，通票（含博物馆参观和4D电影）60元
开放时间：5～8月9:00～17:00，9～次年4月9:00～16:00，周一闭馆
电话：64807975

🗨 旅游达人　游|玩|攻|略

1.国家动物博物馆每逢法定节假日时，开闭馆时间会作出相应的调整，具体情况可以查看官网信息：www.nzmc.org。另外，该博物馆适合带小孩子来游玩，因为这里可以让孩子增长关于动物方面的科普知识。

2.国家动物博物馆中的4D影院放映场次为每天1场，时间为11:00。另外，建议患有心脏病、高血压等疾病的游客和孕妇、老年人、幼儿不要前去观看，影片播放过程中不要进食、饮水、吸烟或咀嚼口香糖。

12 中国古动物馆
自然科学类专题博物馆

中国古动物馆是目前亚洲最大的古动物博物馆，也是我国青少年科技教育基地、北京市青少年教育基地等科普教育基地。该馆按照生物的演化序列，分为古脊椎动物馆和树华古人类馆两大展馆以及古鱼形动物、古两栖动物展厅、古爬行动物、古鸟类展厅等四大展厅，收藏了包括"活化石"拉蒂迈鱼、恐龙马门溪龙化石、黄河象的骨架等在内的众多动物标本。

地址： 西城区西直门外大街142号　　**门票：** 20元

交通： 乘105（电车）、111、347路公交车在动物园站下车；或乘地铁4号线在动物园站下车　　**开放时间：** 9:00～16:30，周一闭馆

电话： 88369280

💬 **旅游达人　游|玩|攻|略**

　　1.游览中国古动物馆前，建议事先进入官网（网址：www.paleozoo.cn），查看场馆简介中的全景展厅和追寻生命的足迹（视频）两大板块以及主页的三维展厅，初步了解下馆内的陈设。

　　2.游览中国古动物馆时，如果家里有小孩子的，建议带上小孩一起去。馆内有专门的讲解员提供免费讲解，能让孩子了解更多关于古生物的科普知识。

中国古动物馆

13 中国地质博物馆
我国成立最早的国家级地质学博物馆

　　中国地质博物馆以典藏系统、成果丰硕以及陈列精美称雄于亚洲同类博物馆，在世界博物馆界久负盛名。该馆按照地球圈层结构布局，陈列了数以万计的矿物、岩石、宝石精品，并配有数字化、仿生、虚拟现实等技术，让观众可以通过亲眼目睹、亲手操作与体验来步入地学空间。同时，馆内还收藏了包括巨型山东龙化石、中华龙鸟化石在内的众多地质标本。

地址： 西城区西四羊肉胡同15号

交通： 乘4号线在西四站下车（D口出）

门票： 30元

开放时间： 9:00～16:30，周一闭馆

电话： 66557858

🚌 **这样游览最便捷** ••••••••••••••••••••••••••••••••••••••
🕐 上午：中国地质博物馆
🕐 下午：广济寺 ▶ 万松老人塔

广济寺

📍 **广济寺：** 位于中国地质博物馆北侧（西城区阜成门内大街25号）。该寺是北京著名的"内八刹"之一，现存建筑为明代格局，分中、西、东三路，中路有山门、钟鼓楼、天王殿等建筑，西路有持梵律殿、戒台、净业堂等建筑，东路有法器库、延寿堂等建筑。

电话：66173330

📍 **万松老人塔：** 位于中国地质博物馆西南侧（西城区西四砖塔胡同口南侧）。该塔是北京作为文化古城的早期标志之一，是八角七级密檐式建筑，玲珑别致，极具特色。

💬 **旅游达人 游｜玩｜攻｜略**

　　广济寺每逢农历的初一、十五香客比较旺盛，建议尽量避开这两个时间或下午去，不然还要排队等候观看寺内景观。

首都博物馆
大型现代化博物馆

　　首都博物馆有着宏大的建筑、丰富的展览和完善的功能，是一座融古典美和现代美于一体的大型博物馆。该博物馆共有矩形展馆、椭圆形专题展馆、条形的办公科研楼三栋独立建筑，分为基本陈列、精品陈列和临时展览三种陈列方式，馆内收藏的文物主要为青铜器、瓷器、玉器等物品。

地址：西城区复兴门外大街16号
交通：乘地铁1号线在木樨地站下车
门票：免费
开放时间：9:00～17:00；周一闭馆
电话：63370491

旅游达人　游｜玩｜攻｜略

1.参观首都博物馆时，观众可以通过打电话和上网两种方式提前预约，然后凭借预约号或预约时使用的有效证件在首都博物馆北门领票。其中，网上预约时间为全天24小时，电话预约时间为每日9:00～17:00，12:00停止预约当日参观门票。预约电话：63393339；预约网址：www.capitalmuseum.org.cn。

2.首都博物馆很大，想要仔细游览完需要一天的时间，建议去看的时候尽量早点去，地下一层的书店也不要错过。另外，首都博物馆中有免费水供游客饮用。

3.首都博物馆内常常会举办关于北京历史文化和中华民族历史文化的专题性免费讲座，想听讲座的游客可以登录首都博物馆官网，在首博讲座页面中查看讲座的具体时间和具体内容。官网网址：www.capitalmuseum.org.cn。

4.游览首都博物馆时，可以在礼仪大厅咨询台前凭本人有效证件免费租借语音导览设备，也可以在固定的时间到一层礼仪大厅讲解服务台前（需提前10分钟到达）等候专职讲解员免费讲解服务。其中专职讲解员服务时间和讲解展厅如下：

讲解场次	讲解展厅	讲解时间
第一场	北京通史展厅	9:30
第二场	精品展厅（瓷器、佛造像）	10:00
第三场	老北京民俗展厅	13:30
第四场	精品展厅（青铜、玉器）	14:00

其他博物馆推荐			
名称	地址	交通	电话
中国钱币博物馆	西城区西交民巷17号	乘17、20、22路等公交车在前门站下车	66081385
中国妇女儿童博物馆	东城区北极阁路9号	乘1、52、728路等公交车在东单站下车；或乘地铁1、5号线在东单站下车	65269678
大钟寺古钟博物馆	海淀区北三环西路甲31号	乘300、302、367路等公交车在大钟寺站下车	62550843
北京艺术博物馆	海淀区西三环北路苏州街万寿寺内	乘300内环、323快车在万寿寺站下车	68456997
周口店北京人遗址博物馆	房山区周口店大街1号	乘832路公交车在良乡北关站下车，再转乘房38路到猿人遗址站下车	69301278

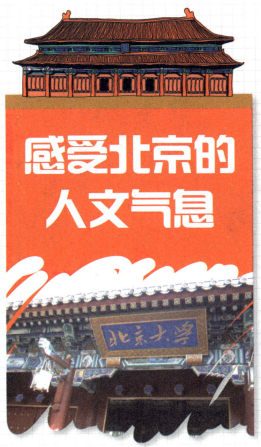

感受北京的
人文气息

01 北京大学

我国第一所国立大学

北京大学初名京师大学堂，是我国近代第一所国立大学，在中国高等教育史上具有承上启下的独特地位。北京大学综合实力雄厚，有着几十个遥遥领先于我国其他高校的国家重点学科。校园内环境优美，有包括博雅塔、畅春园、未名湖在内的众多著名景点，是在北京游玩不得不去的一个地方。

地址： 海淀区颐和园路5号
交通： 乘307、320、355路公交车在中关园站下车；或乘地铁4号线在北京大学东门站下车
门票： 无
开放时间： 全天
电话： 62752114

北京大学

旅游达人 游｜玩｜攻｜略

1. 游玩北京大学时，记得带上身份证，里面游览虽不需要购买门票，但大门口值班的保安会要求查验你的身份证，并登记你的个人信息。另外，北京大学很大，参观前可以在附近的报刊亭中购买一份地图，边走边看。

2. 北京大学每个月会有专题讲座，你可以在北京大学官网上查清具体的讲座时间和讲座所在的教学楼（官网网址：www.pku.edu.cn）后，然后前往校内听讲座。不过，在开讲座时会有很多北京大学师生前来，能不能有座位就只能靠你自己的运气了。

3. 北京大学食堂内有着众多美味的小吃，你可以进去品尝一下。

北京大学勺海

北大清华景点分布示意图

清华大学
我国著名的高等学府

清华大学是世界上最美丽的大学之一，也是每个国人心中梦寐以求的学术殿堂。校园占地面积6000余亩，以"自强不息、厚德载物"为校训，有清华大礼堂、科学馆、清华学堂等华美建筑分布其中，被朱自清赋予了文学气息的美丽荷塘也坐落其中。

地址： 海淀区中关村北大街

交通： 乘地铁4号线在圆明园站下车，步行至清华大学西门或乘地铁13号线在五道口站下，步行至清华大学东门

开放时间： 8:30～16:30（双休日、法定节假日及学校寒暑假期间）

电话： 62793001

旅游达人　游|玩|攻|略

1. 游览清华大学时，个人参观需要带上身份证才能进入。另外，团体参观需要提前3～15天网上预约，经校园相关负责人审核批准后，才能由西北门步行进入校参观。网上预约网址：www.tsinghua.edu.cn。

2. 清华大学面积很大，步行游览起来会非常累，可以选择坐公交车（西校门）和租自行车游览。不过，想要更好的游览校园，建议选择租自行车游览。同时，清华大学校园内几乎每个比较大的岔路口都有指路牌，上面还附有简单的地图，所以不用担心在里面迷路。

清华大学

03 中国人民大学
我国人文社会科学的最高学府

中国人民大学是我国创办的第一所大型的正规大学，也是一所以人文社会科学为主的综合性研究型重点大学。中国人民大学校内环境优美，学习气氛浓郁。"实事求是"是中国人民大学的校训，晶莹玉洁的玉兰花是其校花，有"活化石"之称的银杏树是其校树。

地址： 海淀区中关村大街59号
交通： 乘85、355、323路等公交车在人民大学站下车；或乘地铁4号线在人民大学站下车
开放时间： 全天
电话： 62511086

💬 **旅游达人** 游｜玩｜攻｜略

游览中国人民大学时，除了西门旁边的明德楼需要人大一卡通才能进入外，其他地方都可以自由出入。另外，想在教室内听课的话，可以去东门旁边的公共教学1、2、3号楼找间教室旁听。

中国人民大学

北京师范大学

我国近代第一所师范大学

北京师范大学是一所以教育科学学科、文理基础学科为主要特色的高等学府，也是我国顶尖级的师范类高等院校。北京师范大学办学历史悠久，以"木铎"为校徽，以"学为人师、行为世范"为校训。校内风景优美，是值得一去的地方。

北京师范大学

地址：海淀区新街口外大街19号
交通：乘22、38、47路等公交车在铁狮子坟站下车
开放时间：全天
电话：58806183

🚌 **这样游览最便捷** ••••••••••••••••••••••••••••

　　在上午游览完北京师范大学后，下午可以前往北京邮电大学游玩。该大学位于北京师范大学西侧，是教育部直属的重点大学，主要强调以信息科技为特色、工学门类为主体，工管文理协调发展，是我国培养信息科技类人才的重要基地。电话：62285008。

💬 **旅游达人** **游\|玩\|攻\|略**

　　游览北京师范大学时，建议前往南门广场看一下象征着师大百年辉煌的建筑物"木铎金声雕塑"，感受一下其中蕴含着的"木铎金声一百年"的独特韵味。

北京外国语大学

我国办学历史最悠久的外国语院校

北京外国语大学是一所以多语种外语教学为主，强调多学科、多层次共同发展的高等学府。校内设有英语、俄语、高级翻译等8个学院体系，并开设有数十个外语语种教学专业，是我国培养外交、翻译、经贸人才的重要基地。

地址： 海淀区西三环北路2号

交通： 乘运通103、563路等公交车在魏公村路西口站下车

开放时间： 全天

电话： 88816200/88816222

🚌 **这样游览最便捷** ••••••••••••••••••••••••••••••••••••

🕐 上午：北京外国语大学

🕐 下午：北京艺术博物馆（万寿寺）▶ 紫竹院公园

📍 **北京艺术博物馆（万寿寺）：** 位于海淀区西三环北路苏州街万寿寺内。该博物馆是以万寿寺为依托建立起来的综合性艺术馆，展览宗旨为弘扬传统文化、培育民族精神，馆内收藏有从原始社会到明清时期的众多艺术品。

电话：68456997

开放时间：9:00～16:00

📍 **紫竹院公园：** 位于北京艺术博物馆东侧。该公园内有南长河、双紫渠穿过，西北部有福荫紫竹院庙宇，是有着江南园林风韵的秀美园林。

电话：88412894

开放时间：夏季6:00～21:00，冬季6:00～20:00

紫竹院公园内

旅游达人 游|玩|攻|略

1. 游览北京艺术博物馆时，如果导游在给你讲解景点过后，向你推荐购买祈福小红牌时，建议你最好经过慎重考虑后，再决定自己是否真的需要购买。

2. 游览紫竹院公园时，爱好钓鱼的游客，可以自带鱼竿，去公园西南门附近的正规钓鱼区垂钓，里面数量众多的草鱼和鲤鱼很容易上钩。不过，钓上来的鱼需要花钱买走才行，想了解鱼的具体价格可拨打咨询电话：88412848。

3. 紫竹院公园内有一片小湖，你可以租一条小船荡舟于湖上，具体租船价格如下表所示：

	营业时间	价格	乘坐人数	押金	租船的码头
荷花渡	9:00～17:00	10元/每人次	—	—	北码头
激光潜水艇电瓶船	9:00～17:00	50元/半小时	2人	200	南码头
豪华四人船（新）	9:00～17:00	80元/每小时	4人	200	南、北码头
豪华四人船（旧）	9:00～17:00	60元/每小时	4人	200	东码头
观光号十一人电瓶船	9:00～17:00	120元/每小时	11人	300	东码头

附言:运营时间均为每年的3月中下旬至10月底，每年"五一"后营业时间将延长到19:00，具体时间以公园公示为准。

06 798艺术区
我国名声最大、最成熟的艺术区

798艺术区原是798厂等电子工业的老厂区，现已成为我国文化艺术的集聚、展览、展示中心。它成功吸收了海内外各国的特色文化艺术，汇集了包括画廊、设计室、艺术展示空间在内的众多的文化艺术元素，打造出了集艺术空间、咖啡馆、餐厅于一体的时尚艺术区。

798艺术区

地址：朝阳区酒仙桥路4号798艺术区
交通：乘401、402、405路等公交车在大山子路口南站下车
开放时间：10:00～17:00
电话：59789798/59789870

🗨 旅游达人 游|玩|攻|略

1. 游玩798艺术区时，建议穿一双比较轻便的鞋子，这样逛起来脚不会太累。另外，艺术区里面的东西都要比外面的贵，建议游人自带一点水和食物进去。在艺术区内有一家北京季节咖啡店，里面的法国菜味道很好，喜欢法国美食的人可以前去品尝一下，推荐品尝的食品：法国煎饼。

2. 798艺术区内，时常会举行艺术展览，喜爱艺术的人可以在这时前去游玩，近距离感受一番艺术的魅力。具体艺术展览项目和举办时间，可以在798艺术区的官网内查询，查询网址：www.798art.org。

3. 每年9月中下旬到10月中下旬这段时间内，798艺术区都会举办一年一度的798艺术节，主要展示青年艺术家的艺术作品。在这期间前往艺术区游玩，将是你丰富自己艺术素养的好机会。

07 北京方家胡同46号
胡同里的创意工厂

北京方家胡同46号原是北京机床厂的一片旧厂房，现已成为以"跨界艺术、分享未来"为定位的艺术区。46号院内环境清幽，特色餐厅、快捷酒店、时尚剧院、文化创意类公司云集，是集吃喝玩乐于一体的跨界艺术空间。

地址：东城区安定门内大街方家胡同46号
交通：乘113、104、124（电车）路等公交车在安定门内站下车；或乘地铁2号线在安定门站（B口出）、雍和宫站（C口出）下车
开放时间：全天
电话：84030199

北京方家胡同46号

🚌 **这样游览最便捷** •••••••••••••••••••••

　　游客在上午游览完北京方家胡同46号后，下午可以前往南锣鼓巷游玩。该地是北京最古老的街区，街内酒吧、小吃店、工艺品店密布，是休闲旅游、品尝美食的好去处。

💬 **旅游达人　游|玩|攻|略**

　　1. 游玩北京方家胡同46号时，可以先去凤爪传奇品尝一下烤凤爪，再去埃蒙小镇品尝一下云南菜或者去猜火车电影主题餐厅一边看电影、一边吃饭，最后去参差咖啡厅一边看书、一边喝咖啡。另外，建议你在每个店铺中都尽量少吃点东西，不然你可能会因为肚子装不下，只能望着更多的美食眼馋了。

　　2. 准备闲逛南锣鼓巷时，记得穿一双舒适的鞋子，女士切不可穿高跟鞋，不然一路逛下来你的脚肯定会受不了。此外，去的时候千万要记得带上你的相机，因为南锣鼓巷中的店铺装饰都是非常有特点的，所以把它们个性的装饰装入你的相机中似乎很有必要。

　　3. 游玩南锣鼓巷时，如果不去品尝一下里面的特色美食，那你几乎是白去了。推荐美食店铺：文宇奶酪店、过客（推荐：羊肉串比萨、宫保鸡丁比萨）、"烧肉人"烤肉店。不过，文宇奶酪店的奶酪每天是限量销售的，想买就尽量早点去。

08 中关村
第一个"国家级"人才特区

中关村是我国高科技产业中心，也是我国第一个国家级高新技术产业开发区，有中国"硅谷"之称。中关村内聚集了以联想、百度为代表的多家高新技术企业，且拥有众多高等院校、科研场所，形成了以钻研电子信息、生物医药、能源环保等方面的高新技术为主导的高科技产业集群。

中关村

地址：三环路与四环路之间的海淀区中关村大街
交通：乘特4、特6、332路公交车在中关村南站下车；或乘地铁4号线在中关村站下车
开放时间：全天

旅游达人　游│玩│攻略

　　在中关村游玩时，不能忽视的是位于中关村广场台阶下的以"DNA双螺旋结构"为构思理念设计的中关村标志性建筑——"双螺旋"雕塑。记得要与这个中关村地标性建筑合影留念哦！

草场地艺术区
艺术家心中的"天堂"

草地场艺术区是北京东郊的一个艺术圣地，也是当代艺术家的创作基地、交流平台及教学、培训等多功能的文化区域。该艺术区占地面积庞大，拥有数百家艺术机构、画廊等单位，汇聚了多位中外当代知名艺术家，艺术气息浓郁，是放松身心、感受艺术气息的好去处。

地址： 朝阳区崔各庄乡草场地
交通： 乘402、418、854、909路公交车在草场地站下车
开放时间： 全天

旅游达人　游│玩│攻略

　　1. 草场地艺术区面积较大，建议在游览时穿一双轻便、舒适的鞋子，不急不躁地慢慢游览，这样才能更加深入地体会其中的艺术气息。

　　2. 游玩草地场艺术区时，可以进入一些画廊中观赏一下，里面会有一些精美的画作出售，你可以从中挑选一副自己喜欢的作品买下来，作为装饰品放在家中观赏。

草场地艺术区

草场地艺术区
CAOCHANGDI ARTS

南新仓文化休闲街
古色古香的文化休闲街

南新仓文化休闲街原是明、清两朝的皇家粮仓，至今已有几百年的历史。该文化休闲街由古色古香的古仓群与仿古建筑群组成，环境清幽，街道上有多家画廊、音乐传播中心、文化传媒工作室等文化场所，同时还有餐厅、酒吧、茶苑等休闲场所。

地址： 东城区东四十条21、22号
交通： 乘42、113路等公交车在东四十条站下车；或乘地铁2号线在东四十条站下车
开放时间： 全天
电话： 64096477（皇家粮仓）

南新仓文化休闲街

🗨 旅游达人　游 | 玩 | 攻 | 略

1. 游玩南新仓文化休闲街时，停车位比较难找，建议坐公交车或地铁过去。

2. 在南新仓文化休闲街品尝美食时，建议去大董烤鸭店、饭前饭后、天下盐这些餐厅。

北京古玩城
我国首家文物监管旧货市场

北京古玩城是主要经营古玩艺术品的市场，也是目前我国影响最大的古玩艺术品交易中心之一。该古玩城分为A、B两座，建筑面积达到数万平方米，主要经营古玩杂项、古典家具、名人字画等，是中外游客来北京旅游的一个重点参观项目和消费热点。其中，A座拥有海内外数百家文物公司、古玩经销商驻场经营，B座为"古玩艺术品不夜城"。

地址： 朝阳区东三环南路21号

交通： 乘地铁10号线在潘家园站下车，再向南步行可到

开放时间： 全天

电话： 59609999

🚌 这样游览最便捷 ·········

游客在上午游览完北京古玩城后，下午可以前往首都图书馆看看。该图书馆位于北京古玩城南侧（朝阳区东三环南路88号），共分为A、B座两座，两座中间有连廊相连接，设有多功能剧场、展厅、电影鉴赏厅及会议室等十余个专业厅室，主要为读者提供阅读图书和外借图书等功能。电话：67358114；开放时间：9:00～19:30。

北京古玩城

💬 旅游达人　游｜玩｜攻｜略

1. 在北京游玩时，喜爱欣赏、把玩、收藏古玩的游客，建议一定要亲自前往北京古玩城看看，深入了解海内外的古玩。

2. 北京古玩城将会在2013年11月15～18日期间，举办2013北京·中国文物国际博览会，主会场设在全国农业展览馆新馆中。该博览会主要以鉴赏海外古董精品、拍卖海内外精品文物、设置专题讲座等主题，具体相关信息可查看中国古玩城官网信息：www.antiquecity.com.cn。

12

白孔雀艺术世界
我国最大的工艺美术品商店之一

白孔雀艺术世界位于环境幽雅的北滨河畔，是一家以经营工艺美术品为主的集购物、餐饮、物业于一体的大型多功能工艺美术品商店。该商店占地总面积达到上万平方米，设有营业厅、宴会厅、酒楼等服务设施。三层营业厅主要向海内外游客展示由诸多工艺美术家、民间艺人精心制作的涉及几十个门类的传统手工艺品、民间艺术品和旅游纪念品等。

地址： 西城区德胜门外东滨河路3号

交通： 乘44、409、625路等公交车在鼓楼桥西站下车，再向西步行可到；或乘地铁2号线在积水潭站下车，再向东步行可到

电话： 62049300

🚌 **这样游览最便捷** ••••••••••••••••••••••••••••••••••

　　游客在上午游览完白孔雀艺术世界后，下午可以前往北滨河公园游玩。该公园位于百孔雀艺术世界东侧（西城区安德路102号），园内环境优美，占地面积大，主要分为东西两部分。其中，东部建有奇石展览馆一座，西部为以休闲、绿化为主的园林式地带。开放时间：5:00~21:00。

💬 **旅游达人　游｜玩｜攻｜略**

　　1. 白孔雀艺术世界内小工艺品非常多，且比较精美，你可以选择一些自己喜欢的买下来。另外，这里外国游客也很多，见到外国朋友的概率很大。

　　2. 游玩北滨河公园时，西部为免费开放景点，游客不需要购买门票；东部奇石展览馆为封闭式管理，观众需购买门票才能入内，门票价格为50元，建议对奇石有兴趣的游客可以进去参观一下。

　　3 也可步行至安德里北街，去青年湖公园一游。青年湖公园面积不大，最适合游玩的季节为夏季，这时公园内树木葱翠，景色宜人，适合休闲、纳凉。同时，夏季也可以带着孩子游玩水上乐园项目。

其他人文景点推荐		
名称	**地址**	**交通**
宋庄画家村	通州区宋庄镇小堡村	乘938支、9路公交车在小宝村下车
观音堂文化大道	朝阳区王四营乡王四营村甲2号	乘361、11路公交车在王四营站下车
高碑店国际水上驿站	朝阳区高碑店村西区	乘728、312、397路等公交车在高碑店站下车
尚8	朝阳区建国门外大街郎家园8号	乘地铁1、2号线在建国门站下车
酒厂艺术园	朝阳区安外北苑北湖渠	乘629、630、931路等公交车在北湖站下车
22院街区	朝阳区百子湾路32号	乘57、348、976（区间车）路等公交车在双花园站下车
天雅古玩城	朝阳区华威南路6号	乘51、573路公交车在华威南路东口站下车，向东步行可到
程田古玩城	朝阳区吕营大街十八里店	乘513路公交车在十里河村下车，再沿着吕营大街向北步行可到

体验京城的
主题公园

中华民族博物院

北京第一座大型民族文化基地

中华民族博物院

中华民族博物院（中华民族园）是一座收藏、陈列、研究我国民族文化与社会生活的大型博物馆，也是集我国少数民族的传统建筑、民俗民风以及民族美食于一体的文化基地。该博物院分为南北两园，里面建有多个民族村寨，主要景观有民族博物馆、仿真的热带榕树林、阿里山神木等。

地址：朝阳区民族园路1号
交通：乘113、55路公交车在民族园西路站下车，或乘地铁8号线在奥体中心站下车
门票：90元
电话：62063646/62063647

🗨 **旅游达人** 游｜玩｜攻｜略

1. 中华民族博物院内每周一为"体验自然日"，该日园内停止演出活动与导游服务，门票价改为45元。这时，游客可以参观园内建筑及展览，感受园区的自然风光。

2. 游玩中华民族博物院时，应尊重少数民族的生活习惯。在园内参加傣族泼水节时，需要在园内商店中购买专用泼水盆，在广场水缸及其水井内取水，并在广场中央泼水。另外，现场傣族同胞未泼出第一盆水之前，你最好别泼水或动水缸里的水。

3. 中华民族博物院内的"怒江峡谷"上，有一棵庞大的望天树，游人可以在高高的树干上行走。身体不适的游客尽量不要登上树干，老人和小孩上树也需要有人陪同才行。

4. 最好选择在夏、秋两季游玩中华民族博物院，这时候会有很多民俗风情的歌舞表演，其余季节则相对会少些。另外，园内也有很多民族风俗小吃（如：云南凉粉），你可以买来品尝一下。

5. 中华民族博物院官网上会有每月活动安排，你可以上网查看活动具体时间，查询网址：www.emuseum.org.cn。

02 北京欢乐谷
我国最大的体验式生态主题公园

北京欢乐谷是我国目前最为国际化、现代化的主题公园，也是家庭游玩的首选地、孩子们的开心课堂、年轻人的娱乐先锋地。该公园由峡湾森林、爱琴港、失落玛雅等七大文化主题区组成，主题区内游览项目众多，以"水晶神翼""奥德赛之旅""聚能飞船"等为主要游览项目。

北京欢乐谷

地址：朝阳区东四环小武基北路

交通：乘31、674、680路等公交车在北京华侨城南站下车，然后向北步行几分钟即到

门票：160元

开放时间：9:00～22:00（周一至周五），8:30～22:00（周六、日）

电话：67201818

北京欢乐谷

💬 **旅游达人 游｜玩｜攻｜略**

　　1. 北京欢乐谷在遇到恶劣天气、特殊活动、游客过多、设备故障检修等特殊情况时，会调整部分设备和表演时间或禁止游人入园，具体情况可以查看北京欢乐谷官网上当天的公告，官网网址：www.bj.happyvalley.cn。

　　2. 游览北京欢乐谷时，你可以在园内租代步车（环园小火车、老爷车、电瓶车）游玩。环园小火车/老爷车价格为20元/人（1.2米以下免票，1.2～1.4米半票）；电瓶车价格为30元/半小时，单人60元/小时，双人120元/小时，押金为300元（满10岁1.4米以上可单独驾驶）。

　　3. 假如你经常到北京欢乐谷游玩，建议你购买年卡。年卡分为单人行、亲子游、情侣卡、合家欢四种，价格分别为580元、780元、999元、1280元。

03 北京动物园
我国最大的动物园之一

北京动物园原为明代皇家庄园，后来经过不断地休整、扩展后才改名"北京动物园"。动物园占地面积庞大，园内珍禽异兽种类众多，主要有狮虎山、熊山、两栖爬行动物爬行馆、熊猫馆等动物馆舍。

地址：西城区西直门外大街137号

交通：乘7、15、19路等公交车在动物园站下车；或乘地铁4号线在动物园站下车

门票：淡季10元（11月至次年3月），旺季15元（4月至10月）

开放时间：淡季7:30～17:00；旺季7:30～18:00

电话：68315131/68390274

北京动物园

🚌 **这样游览最便捷** ••••••••••••••••••••

　　游客在上午游览完北京动物园后，下午可以前往北京海洋馆游玩。该馆位于北京动物园内长河北岸，是目前世界最大的内陆水族馆，馆内饲养和展示的海洋生物极其丰富，设有包括雨林奇观、触摸池、海底环游在内的七个主体展示区域。电话：62176655转6791；开放时间：淡季9:00～16:30，旺季9:00～17:30。

💬 **旅游达人　游│玩│攻│略**

　　1. 北京动物园内，时常举办科普体验活动，想要了解活动的具体举办时间和内容可以登录官方网站查询（www.bjzoo.com）。同时，游客也可以在这个网站上购买门票。

　　2. 游览北京动物园时，需要注意的是：假如你想参观园中园（熊猫馆等），就必须另外购票或买联票才行，且某些动物馆的开门时间会比大门开门时间迟（如熊猫馆、企鹅馆）。持有优惠门票或享受免费入园待遇的游客，在参观园中园时，也需要另行购买门票。另外，动物园门口有很多闲散的票贩子，尽量不要从他们手中买票。

　　3. 游览北京动物园时，建议不要开着闪光灯拍照，也不要拍打玻璃，以免影响动物的正常休息。

　　4. 游览北京海洋馆前，你可以登录中国海洋馆的官方网站（www.bj-sea.com），进入科普讲堂，点击游玩攻略进去看下虚拟游览地图；另外，游览海洋馆时，你可以去海洋美食街品尝下美食，其种类众多的美食绝对有你喜欢的一款。

北京动物园

04 北京世界公园
亚洲大比例微缩主题公园之一

北京世界公园处处洋溢着浓浓的异国情调，是集世界名胜于一体的大型公园。园内有包括西欧、北欧、北美在内的多个景区，还有按照四大洋的形状贯通全园的水系，以及按埃及金字塔、埃菲尔铁塔、巴黎圣母院、白宫等建筑设计的微缩景观。

北京世界公园

地址： 丰台区花乡丰葆路158号

交通： 乘477、692路等公交车在世界公园站下车；或乘地铁房山线在大葆台站下车

门票： 65元

开放时间： 淡季8:00～16:30，旺季8:00～17:00

电话： 83613685

🚌 这样游览最便捷 ·········

游客在上午游览完北京世界公园后，下午可以前往御康公园游玩。该公园位于北京世界公园西北侧（丰台区花乡六圈村），原是清朝皇帝养马的地方，现为北京的一座郊野公园，园内建有中式古典风格的公园广场、松树林、银杏林等景观。

北京世界公园

💬 旅游达人 游|玩|攻|略

1. 游完世界公园后，可以去园中的"国际街"中吃饭顺便休息，体验"畅游世界"后悠然自得的感觉。

2. 御康公园内环境清幽，树木葱郁，你可以感受大自然的清新气息，还可以到园中摆放的体育设施处锻炼身体。

石景山游乐园
一座以欧洲郊野园林为主要特色的大型游乐园

石景山游乐园充斥着梦幻般的异国情调，是集知识性、参与性、娱乐性于一体的大型现代化游乐园。该游乐园主要分为东园、西园、冒险世界等游乐景区，景区内分布有原子滑车、儿童城星球大战、侏罗纪探险等娱乐项目，是人们体验全新娱乐的好去处。

地址： 石景山区石景山路25号
交通： 乘325路公交车在八角北路西口站下车；乘地铁1号线在八角游乐园站下车即到
门票： 10元（乘坐游乐项目需要另外买票）
开放时间： 淡季9:00～16:30(周一至周五)，9:00～17:00（周六、日）；旺季9:00～17:30(周一至周五)，9:00～18:00（周六、日）
电话： 68874060

🚌 这样游览最便捷 ••
🕐 上午：石景山游乐园
🕐 下午：老山城市休闲公园 ▶ 首钢松林公园

📍 **老山城市休闲公园：** 位于石景山游乐园东侧。该公园是北京市唯一的自然式山地公园，园内环境优美，是登山、骑自行车的好去处。
电话：88974381

📍 **首钢松林公园：** 位于石景山游乐园南侧，是一座原生态的森林公园，园内松柏密布，环境清幽，是休闲、练武的好去处。
开放时间：全天

石景山游乐园

💬 **旅游达人　游|玩|攻|略**

1. 游玩石景山游乐园前，建议在官网上看下游乐园中的虚拟景区，初步了解下景区的游览线路和娱乐项目。官网网址：www.bjsjsyly.com。此外，需要注意的是石景山游乐园不允许携带宠物、危险物品、风筝入园。

2. 游玩石景山游乐园时，建议购买通票，这样在乘坐游乐项目时更合算。

3. 游玩老山城市休闲公园时，要注意避开老山驾校练习路上的车辆。这些车辆一般都是由练车的新手驾驶，所以要照看好与自己同行的小孩、老人。

06 北京植物园

我国重点建设的植物园之一

北京植物园是以收集、展示和保存植物资源为主，研究植物引种驯化与实验、让大众更多地认识植物类别为辅助的大型综合性植物园。该植物园由植物展览区、名胜古迹人文景观、自然保护区和科研区四部分组成，主要有牡丹园、卧佛寺、梁启超墓等景区。

北京植物园

地址： 海淀区香山卧佛寺路

交通： 乘331、505、运通112路等公交在北京植物园南门站下车

门票： 10元，温室50元，卧佛寺5元，套票50元

开放时间： 夏季6:00~20:00，冬季7:30~17:00

电话： 82598771

北京植物园

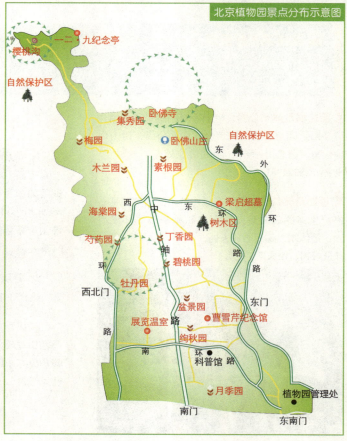

北京植物园景点分布示意图

一二·九纪念亭
樱桃沟
自然保护区
卧佛寺
集秀园
梅园
卧佛山庄
自然保护区
木兰园
素根园
西
中
东
梁启超墓
海棠园
环
环
树木区
芍药园
丁香园
轴
环
路
碧桃园
牡丹园
西北门
东门
盆景园
路
展览温室
路
曹雪芹纪念馆
绚秋园
路
南
环
路
科普馆
月季园
植物园管理处
南门
东南门

💬 **旅游达人**　游|玩|攻|略

　　1.北京植物园官网会根据园内各种植物的开花和成熟时节，在最新消息栏中更新公园内所要举办的花节以及各种植物开花的具体时间，官网网址：**www.beijingbg.com**。同时，你还可以在官网上查看虚拟植物园的相关介绍，初步了解园内的景观。

　　2.参观北京植物园时，假如你是冲着园内的卧佛寺去的，可以只买10元的门票，然后在卧佛寺再买5元的门票。假如你是想将园内的景观全部看完，可以选择购买套票。另外，温室内种植的大部分都是热带植物，内部温度较高，建议进去的时候少穿点衣服。

　　3.在北京植物园游玩时，可以看到园内众多桃树上挂着一个个三角形的小盒子，这是北京植物园进行生物防治的一种新方法，俗称"美人计"。你可以凑近去看一下，了解一下这种对果树进行的无公害防治害虫的措施。

07 北京大观园
一座再现《红楼梦》中"大观园"景观的文化名园

　　北京大观园从建筑、山形水系、植物造景等方面尽力复原了《红楼梦》一书中描绘的大观园景观，生动形象地展示出了曹雪芹笔下的《红楼梦》中的官府园林风采。该园分为庭园、自然、佛寺、殿宇四大景区，景区内设有曲径通幽、大观楼、贾宝玉的怡红院等特色景点，是深入了解红楼文化的好去处。

地址： 西城区南菜园街12号
交通： 乘53、59、63路等公交车在大观园站下车
门票： 40元，70元（晚间活动）
开放时间： 7:30～17:30，18:00～21:00（晚间活动）
电话： 63544993

北京大观园

🚌 **这样游览最便捷** ••••••••••••••••••••
　　游客在游览完北京大观园后，可以前往古陶文明博物馆游玩。该博物馆位于北京大观园北门外（西城区右安门内西街12号），是一座以"陶文化"为专题的民办博物馆，馆内主要收藏的是新石器时代彩陶、周秦汉唐陶器、战国秦汉砖瓦等古代陶瓷。电话：62303127；开放时间：10:00～17:00（周一闭馆）。

💬 旅游达人 游|玩|攻|略

1. 每年春节后的几天中，北京大观园中都会举办以展示红楼文化为主题的红楼庙会。红楼庙会期间，在这里可以欣赏各种文化表演，还可以买到各式各样的手工艺品，品尝到多种风味小吃。

2. 在每年夏季（4月15日至10月15日）的夜晚游玩北京大观园活动中，你可以欣赏大型音乐喷泉表演和激光水幕电影《梦幻红楼》等表演。另外，2013年4月14日至6月30日，北京大观园露天剧场中会有北京大观园"百姓周末大舞台"节目表演。想知道这期间表演的节目类型和具体时间，可以查看北京大观园官网信息：www.bjdgy.com。

3. 古陶文明博物馆中会卖些拓片、茶杯垫和小古董，你可以根据自己的喜好买一两个带回家。

08 北京世界花卉大观园
北京市四环以内最大的植物园

北京世界花卉大观园以花卉植物文化为主题，是集休闲娱乐、观光旅游、科普文化于一体的大型植物园。该园占地面积广阔，由室内植物花卉温室和室外花园广场两大景区组成，景区内奇花异草、珍稀树木密布。其中，室内植物花卉温室包括蔬菜瓜果园、热带植物馆、长江三峡展馆等，室外花园广场包括凡尔赛花园、十二花神大道等。

地址： 丰台区南四环中路235号
交通： 乘377、646路公交车在世界花卉大观园站下车；或乘地铁10号线在草桥站下车
门票： 50元
开放时间： 冬季8:00～17:30，夏季8:00～18:00
电话： 87503132

北京世界花卉大观园

💬 旅游达人 游|玩|攻|略

游览北京世界花卉大观园时，游客可以乘坐公园内的免费旅行代步车参观游览。

09 金盏郁金香花园
北京近郊的一处净地

金盏郁金香花园分为生产区、花卉景点观赏区两部分，是人们假期郊游的理想之所。生产区有两栋充气温室大棚，主要用来生产、培养各种名、特、优及应季花卉。花卉景点观赏区内种植有不同品种的郁金香。同时，花园内还有用以展示欧式园林风光的风车、水车、游船等荷兰风情设施。

地址： 朝阳区东苇路
交通： 乘418、640、641路等公交车在东苇路站或郁金香花园站下车
门票： 15元
开放时间： 9:00～19:00
电话： 84315219

🚌 **这样游览最便捷** ·················

游客在游览完金盏郁金香花园后，可以顺便前往常营公园游玩。该公园位于金盏郁金香花园北侧（朝阳区常营幺家店路），以秋景林为特色，是可以满足人们观赏、休闲、健身等活动内容的郊野公园。园内有花之舞文化林荫广场、山林休息亭、银杏林走廊等景观。开放时间：全天。

💬 **旅游达人　游|玩|攻|略**

金盏郁金香花园每年都会举办春季郁金香展（4月20日至5月8日）、夏季荷花展（7月1日至8月30日）、秋季菊花展（9月25日至10月20日）、冬季梅花展（1月25日至次年2月15日）四大展览活动，游客可选择在举办展览时间内前往游玩。

其他人文气息景点推荐		
名称	**地址**	**交通**
北京国际雕塑公园	石景山区石景山路2号	乘地铁1号线在玉泉路站下车
月坛公园	西城区月坛北街6号	乘13、15、19路等公交车在月坛公园站下车；或乘地铁2号线在阜成门站下车
八达岭野生动物世界	延庆县八达岭高速21号	乘880、919（跨省）路等公交车在八达岭站下车

造访深巷里的胡同故居

什刹海胡同

最具游览价值的胡同

什刹海胡同

什刹海胡同是寻觅老北京文化、体验老北京风俗习惯的胜地。该胡同依地势而建，呈网状纵横交错在什刹海周围，由大金丝、前海南沿、前海北沿等胡同组成，胡同中还分布着众多散发着古色古香气息的四合院。

地址：西城区什刹海附近
交通：乘地铁2号线在积水潭站下车步行可到，或乘地铁6号线在北海北站下车步行可到

🚌 这样游览最便捷 ·············

游客在游览完什刹海胡同后，可以顺便前往什刹海游玩。该地位于西城区羊房胡同附近，由前海、后海、西海组成，周围分布有众多胡同和名胜古迹，也是休闲、娱乐、品尝美食的好去处。

什刹海景点分布示意图

德胜门

德胜门西大街
汇通祠
西海
新街口北大街
宋庆龄故居
徐悲鸿纪念馆
醇亲王府
德胜门内
望海楼
什刹海管理处
后海
广化寺
钟楼
鼓楼
银锭桥
恭王府
金丝套地区
地安门百货商店
后门桥
辅仁大学
前海
地安门外大街
郭沫若故居
荷花市场
地安门西大街

什刹海

💬 旅游达人 游|玩|攻|略

　　1. 游览什刹海胡同时，可以坐在人力三轮车上边走边看，感受四合院中的独特风味，并品尝苏造肉、八宝莲子粥等美食。

　　2. 游玩什刹海时，建议去附近的酒吧坐一下，品尝里面的特色小吃。另外，还可以去烟袋斜街广福观，看《京华胜地——什刹海历史文化展》。

什刹海胡同

02 帽儿胡同
北京市十大胡同之一

帽儿胡同东起南锣鼓巷，西至地安门外大街，胡同街边的棋局及院落中生长的古树是它独特的风景线。帽儿胡同建筑风格古朴淡雅，胡同中的9号（可园）、13号（冯国璋故居）、37号（婉容故居）等都是在我国历史上有着重大影响力的历史名人居住过的院落。

地址：东城区地安门外大街帽儿胡同

交通：乘60、612、623路等公交车在地安门东站下车步行可到，或乘地铁6号线在南锣鼓巷站下车

旅游达人 游｜玩｜攻｜略

1. 游玩帽儿胡同前，可以先在网上了解一些发生在帽儿胡同中的历史事故，然后再进行游览，这样你将能更好地体验到胡同中蕴含的风韵。

2. 游玩帽儿胡同时，可以去帽儿合同39号的醉红楼中品尝一下地道的台湾菜，推荐品尝卤肉饭、三杯鸡、花枝丸。另外，还可以去国家话剧院门口的天府勾魂面馆中，品尝里面的特色面食。

03 东交民巷
老北京最长的胡同

东交民巷西起天安门广场东路，东至崇文门内大街，是老北京最长的一条胡同。东交民巷曾是清朝末期外国使节设立使馆的地方，如今在这里面你依然可以看到法国使馆、圣弥额尔天主堂、俄华银行等散发着浓郁西洋气息的欧式建筑，体验到浓郁的异国情调。

地址：东城区东交民巷胡同

交通：乘地铁2、5号线在崇文门站下车可到

旅游达人　游|玩|攻|略

　　1.在东交民巷游玩，尽量不要大声喧哗，以免打破这里原有的宁静。同时，建议你尽量别拍照片，特别是在那些禁止进去游玩的建筑附近。

　　2.游玩东交民巷时，可以去东交民巷19号的静园川菜馆中，品尝下口味地道的川菜，推荐菜肴：口水鸡、水煮鱼。

东交民巷

04 礼士胡同
名人气息浓郁的胡同

　　礼士胡同自东部朝阳门南小街起，西至东四南大街，南有支巷通演乐胡同和灯草胡同，北有支巷通前拐棒胡同，占地面积极其宽广。该胡同是北京城中小有名气的里巷，胡同内主要分布有"刘罗锅"故居、129号院、郑洞国将军故居等院落。

地址：东城区礼士胡同

交通：乘地铁5、6号线在东四站下车

礼士胡同

05 东厂胡同
历史文化久远的胡同

东厂胡同东起王府井大街，西至东黄城根南街，该胡同原是明朝东厂所在地，胡适、邓广铭等人曾在此居住，现已成为北京市民民居及中国社会科学院近代史研究所所在地。

地址： 东城区东厂胡同
交通： 乘101路电车在美术馆东站下车，或乘地铁5、6号线在东四站下车

06 老舍故居
新中国成立后老舍的住处

老舍故居

老舍故居是新中国成立后老舍居住时间最长的住所，他在这里创造了人生中最辉煌的成就。该故居坐西朝东，硬山搁檩，布局紧凑，为砖木结构建筑，主要由客厅、卧室、书房等组成。老舍曾在这里接待过巴金、曹禺、赵树理等许多文化名人，还在此写下了《方珍珠》《龙须沟》《茶馆》等多部著名话剧。

地址： 东城区灯市口西街丰富胡同19号
交通： 乘104（快车）、108（电车）、103（电车）路等公交车在灯市西口站下车，再向西步行可到；或乘地铁5号线在灯市口站下车
门票： 免费
开放时间： 9:00～17:00，周一闭馆
电话： 65142612

07 茅盾故居
茅盾生涯后期的居住场所

茅盾故居

茅盾故居是展示茅盾生前居住和工作环境的场所，主要以复原陈列的形式向人们展示茅盾的相关事迹。该故居由前、后两个院落组成，前院主要为会客室、藏书室和餐厅，现设有2个陈列室，主要陈列茅盾生前的实物和图片；后院为工作室和卧室，主要展示卧室和书房的景象。

地址：东城区交道口南大街后圆恩寺胡同13号
交通：乘107（电车）、635路等公交车在交道口东站下车；或乘地铁6号线在南锣鼓巷站下车
门票：5元
开放时间：9:00～16:00，周二、四、六开放
电话：64040520

🚌 这样游览最便捷

游客在游览完茅盾故居后，可以顺便前往文天祥祠瞻仰。该祠位于茅盾故居东侧（东城区府学胡同63号），是文天祥当年被囚禁和英勇就义的地方，是清嘉庆年间为纪念文天祥而修建的一座祠堂。电话：64014968，开放时间：9:00～17:00。

💬 旅游达人　游｜玩｜攻｜略

1. 游览茅盾故居时，需要出示个人有效身份证件，由工作人员登记才可以进去。另外，茅盾故居中的卧室是不对外开放的，不过可以透过玻璃窗看到里面的陈设。

2.参观文天祥祠时，可以着重看下祠堂雕刻着《正气歌》的墙壁和相传为文天祥亲手所种的枣树。

08 宋庆龄故居
宋庆龄在北京生活、工作的场所

宋庆龄故居原是成亲王府，后来被改建为宋庆龄在北京的住所。该故居西、南、北三面有土山环绕，土山内侧则有由从后海引入的活水环绕故居。故居西部的一栋中西合璧的两层楼的主体建筑是宋庆龄的寓所，兼办公厅、客厅。依西侧大墙而建的新文物库，一层是宋庆龄生平展所在地。

地址： 西城区后海北沿46号
交通： 乘44（外环）、55路等公交车在德胜门站下车，再沿后海北沿向东步行即到；乘地铁2号线在积水潭站下车，从B出口出站，再沿西海、后海北沿向东步行即到
门票： 20元
开放时间： 淡季9:00～16:00（11月至次年3月），旺季9:00～18:00（4～10月）
电话： 64044205转815（票务）

宋庆龄故居

🚌 这样游览最便捷 ··················

游客在游览完宋庆龄故居后，可以顺便前往德胜公园游玩。该公园位于宋庆龄故居北侧（西城区德胜门桥旧鼓楼大街），是一座长条状公园，公园自西至东有桃园花雨、德胜祈雪、箭楼绮望等多处与名胜古迹充分结合的园林景观。

09 郭沫若故居
郭沫若生活、居住的场所

郭沫若故居（又称郭沫若纪念馆）原是清代和珅的王府花园，几经周折后，成为郭沫若的住所。该故居大门上方悬挂有刻着"郭沫若故居"字样的牌匾，门内分为前、后两进院落。前院有银杏树和郭沫若坐像，后院主要有客厅、办公室、卧室和东西厢房等建筑。其中，东西厢房为郭沫若的生平陈列室。

地址： 西城区前海西街18号

交通： 乘13、42、90路等公交车在北海北门站下车，再向北侧步行即到；或乘地铁6号线在北海北站下车

门票： 20元

开放时间： 9:00～16:30，周一闭馆

电话： 66034681

10 北京鲁迅博物馆

为纪念鲁迅先生而建立的博物馆

北京鲁迅博物馆

北京鲁迅博物馆以担负着征集与保管鲁迅遗著遗物、宣传与展示鲁迅文化等主要工作。博物馆内包含有北京鲁迅旧居，内部馆藏文物和图书极为丰富。其中，主要藏品为鲁迅的大量手稿、生平史料、鲁迅著译版本等。

地址： 西城区阜成门内宫门口二条19号

交通： 乘13、42路等公交车在阜成门内站下车；或乘地铁2号线在阜成门站下车，从B出口出站即到

门票： 免费

开放时间： 9:00～16:00，周一闭馆

电话： 66164080

🚌 这样游览最便捷 ·················

游客在游览完北京鲁迅博物馆后，可以顺便前往妙应寺游玩。该寺位于北京鲁迅博物馆东侧（西城区阜成门内大街171号），原名大圣寿万安寺，后改为妙应寺。寺内的白塔，是我国现存年代最久远、规模最大的喇嘛塔。电话：66160211，开放时间：9:00～16:00。

💬 旅游达人　游|玩|攻|略

周三游览妙应寺时，前200名游客可以免费入内参观，建议游人在周三时早点进入游览。

11 梅兰芳纪念馆
梅兰芳先生生前居所

梅兰芳纪念馆

梅兰芳纪念馆原是清末庆亲王奕王府的一部分，梅兰芳在新中国成立后搬到这里居住，梅兰芳逝世后这里被开辟为纪念馆。纪念馆是一座典型的北京四合院建筑，馆内设有4个展览室，主要收藏、陈列了梅兰芳夫人及其子女捐献给国家的大量珍贵文物和文献资料。

地址： 西城区护国寺街9号
交通： 乘22、88路公交车在护国寺站下车，步行进入护国寺街即到；或乘地铁4、6号线在平安里站下车
门票： 10元
开放时间： 9:00～16:00，周一闭馆
电话： 83223598转8001

12 曹雪芹纪念馆
曹雪芹曾经居住过的地方

曹雪芹纪念馆是我国清代现实主义作家曹雪芹居住过的地方。该纪念馆是一排坐北朝南的清式平房，馆内设有5个展室，主要陈列了曹雪芹当年的住所、写作《红楼梦》的书房、故居有关的资料等。

地址： 海淀区香山卧佛寺路正白旗村39号（北京植物园内）
交通： 乘331、505、运通112路等公交车在北京植物园南门站下车
门票： 免费
开放时间： 冬季9:00～16:00，夏季8:30～16:15
电话： 62591283

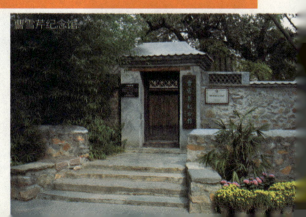
曹雪芹纪念馆

13 徐悲鸿纪念馆

我国第一座美术家的个人纪念馆

徐悲鸿纪念馆是以徐悲鸿故居为基础建立起来的专题性纪念馆。纪念馆的主体建筑是一栋二层的灰色展览楼，楼内设有1个序幕厅和7个展室，主要收藏、陈列了徐悲鸿生前的生活用品、国画、油画等物品。

地址： 西城区新街口北大街53号

交通： 乘地铁2号线在积水潭站下车，再向南步行即到

门票： 免费

开放时间： 9:00～17:00，周一闭馆

电话： 62276936

14 齐白石故居

齐白石的居住地

齐白石故居始建于清代中晚期，新中国成立后被划为齐白石的住所。该故居是一座较完整的单体四合院，院内东、西、南、北方各有三间房屋，内部主要展示了齐白石的卧室、客厅以及齐白石当年的书画作品等。

齐白石故居

地址： 西城区太平桥大街跨车胡同13号

交通： 乘46、68、477路等公交车在辟才胡同西口站下车，或乘地铁4号线在灵境胡同站下车

门票： 5元

电话： 66014344

15 蔡元培故居
蔡元培的居住场所

蔡元培故居是蔡元培任北大校长期间的住所。该故居坐北朝南，分为东、西两院，每院各有三进四合院。院内主要复原了蔡元培当年的卧室、客厅、书房等房间的原貌，并将房间中的物品进行了复原陈列。

地址： 东城区东堂子胡同75号
交通： 乘地铁5号线在灯口市站下车，再向东步行即到
电话： 65275840

其他胡同故居推荐		
名称	地址	交通
纪晓岚故居	西城区珠市口西大街241号	乘23、48、57路等公交车在珠市口西站下车
谭嗣同故居	西城区菜市口大街北半截胡同41号	乘坐地铁4号线在菜市口站下车
李大钊故居	西城区文华胡同24号	乘坐7、10、37路公交车在新文化街西口站下车
婉容故居	东城区鼓楼南帽儿胡同的35、37号旧宅院	乘坐113、612路公交车在北兵马司站下车
林则徐故居	西城区南横东街贾家胡同内	乘坐5、6、70路公交车在果子巷站下车

蔡元培故居

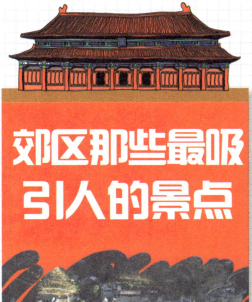

郊区那些最吸引人的景点

雁栖湖

北京规模最大的水上乐园

雁栖湖

雁栖湖位于燕山脚下，是北京地区规模最大、娱乐项目最多的水上游乐园。游乐园内环境优美，每年春、秋两季都会有成群的大雁来湖中栖息，园中除了有手划船、快艇、龙舟等娱乐设施外，还设有水上飞伞、水上跑车、水上摩托等娱乐活动。

地址： 怀柔区怀北镇燕水路3号

交通： 乘京郊游1、3次列车可直达，或乘936路公交车在雁西镇下车

门票： 34元

开放时间： 8:00～18:30

电话： 69661696

💬 **旅游达人　游｜玩｜攻｜略**

1. 雁栖湖景区内有门票、108元联票、88元联票三种票种。若只购买门票的话，游玩景点内其他娱乐项目时，必须自己另外掏钱；购买108元联票则从快艇、水上飞降、激流勇进、碰碰车、美人鱼、攀岩、游船、水上跑车（2圈）这八种娱乐项目中任选五项游玩；购买88元联票可从快艇、水上飞降、激流勇进、攀岩、游船、碰碰车这五项娱乐项目中任选三项游玩。

2. 雁栖湖玩水上飞伞项目，建议患有高血压、心脑血管疾病、恐高症患者以及体重低于45千克或高于80千克的游客不要前去游玩。

3. 雁栖湖景区内有很多娱乐项目，具体收费可以在下表查询：

雁栖湖景区娱乐项目及收费标准					
项目名称	单价	项目名称	单价	项目名称	单价
手划船	60元/小时	四人脚踏船	60元/小时	五人脚踏船	100元/小时
电瓶船	120元/时	自驾快艇	180元/圈	水上摩托	30元/分钟
游览船	40元/人	水上飞降	40元/人	水上跑车	R25元/两圈
快艇	50元/人	水上飞伞	150元/人	激流勇进	40元/人
攀岩	40元/人	超级飞船	35元/人	魔幻城堡	25元/2小时
缆车	20元/人	碰碰车	25元/人	迷你漂流	30元/人
高山滑车	40元/人	美人鱼	20元/人	激情漂移（双人）	150元/圈
超级秋千	15元/人	海盗船	20元/人	激情漂移（三人）	200元/圈
飞碟战船	15元/人	碰碰船	5元/分钟	香蕉船（五人）	300元/圈
摩天环车	35元/人	手摇船	20元/人	香蕉船（三人）	200元/圈
水陆大战	20元/人	喜洋洋	15元/人		
马克沁气炮	15元/人	射箭	30元/15支箭		

京东大峡谷
北京适宜四季游览的景区之一

京东大峡谷由大峡谷与井台山两大游览区组成，纵深3千米。大峡谷狭险幽静，壁立万仞；井台山平阔如台，高山耸立。峡谷中，最出名的景点为五龙潭，分别指惊潭、险潭、怪潭、灵潭、响潭。另外，跨越水潭上方的栈道也是非常有意思的景观。

京东大峡谷

地址： 平谷区山东庄镇鱼子山村北
交通： 乘918路公交车在平谷医院站下车，然后乘坐平12路公交车可达京东大峡谷
门票： 60元
开放时间： 7:30～17:00
电话： 60968317

 旅游达人　游|玩|攻|略

在京东大峡谷游玩时，你除了可以徒步领略峡谷中的美景，还不可错过缆车、滑道、水上摩托艇等这些趣味十足的娱乐项目。

京东大溶洞

03 十渡风景区

我国北方唯一一处大规模喀斯特岩溶地貌景区

十渡风景区位于拒马河河谷中，因历史上一共有十个渡过拒马河的摆渡渡口而得名。风景区内山清水秀，有"北方小桂林"之称。这里有保存较好的原始次生林，有种类众多的野生动物，还有独特的喀斯特地貌形成的仙峰谷飞来石、孤山寨一线天、龙天"佛"字等十大地质奇观。

十渡风景区
回音壁瀑布

地址： 房山区十渡镇
交通： 乘917路公交车在一渡站下车，或在北京西站乘6437次列车在十渡站下车可到
开放时间： 全天开放
电话： 61349871

💬 旅游达人 游|玩|攻|略

1. 游客在准备去十渡风景区游玩前，建议在旅行包中多准备一套衣服，这样可以避免游玩时因为衣服湿了而着凉感冒。另外，北京西站等候前往十渡风景区的火车时，不要轻易相信主动走过来给你介绍十渡旅游的人，那些人大部分都是黑导游，很可能会上当受骗。

2. 游客在进入十渡风景区时，景区内不收门票，只有在进入某个景点内，游玩某些娱乐项目时，才会收取门票。游玩项目和门票价格，可以在达到你想要玩的景点时，具体咨询。

3. 十渡风景区内可游玩的景点非常多，全部游玩下来会很累，且耗费的时间也会很长，建议游客在十渡风景区重点游玩以下几个景区：十渡蹦极、拒马乐园、八渡天禄山景区、万景仙沟、六渡碧波园、孤山寨。

4. 十渡风景区内有很多农家餐馆，餐馆中有地道的农家饭菜和地方野菜，味道十分可口，建议游客在景区内游玩后，到餐馆中品尝一番。推荐菜肴有情人菜、河菜、水芹菜、炸花椒芽等。

5. 在十渡风景区中的东湖港景区内游玩时，建议游客不要随便饮用未知来源的山泉水。

龙庆峡
北京的"小漓江"

龙庆峡古称"古城九曲"，峡谷中的水源来自于海坨山东麓，经玉都山注入古城水库。该景区集南方山水的妩媚秀丽和北方山水的雄浑壮观于一体，峡谷曲折蜿蜒，河水碧绿，峡谷两岸山崖险峻，森林茂密，有跟漓江山石极其相似的石笋、石柱、石断层，还有鸡冠山、神仙院、百花洞等。其中，鸡冠山是其标志性景观。

地址：延庆县延庆镇古城村
交通：乘919、919（快车）路公交车在延庆东关站下车，再乘y15路公交车在龙庆峡站下车可到
门票：40元
开放时间：7:30～16:30
电话：69192545

💬 **旅游达人** 游｜玩｜攻｜略

每年1月中旬到2月底，龙庆峡景区内都会举办冰灯节，游客可以在这个时间段前往景区观看冰灯。冰灯节期间，景区开放时间为17:00～22:00，冰灯节门票为100元。不过，冰灯节举办时整个景区内游客众多，建议游客早点前往景区，先去龙庆峡水库看完冰瀑奇观，再返回来看冰灯。

龙庆峡

05 爨底下村

我国古典建筑艺术史上的一颗明珠

爨底下村历史悠久，是我国保留比较完整的山村古建筑群落。村内居住着清一色的韩氏家族人，"爨"字原意有灶的意思，取名"爨底下"，意为躲避严寒的意思。该村依山而建，街道光洁平整，极富情趣，数百间明清时代的四合院民居位列其中，透着古色古香气息的古磨、古碾、古井随处可见，还有门神、庙宇、马厩点缀其中，是北京难得一见的"世外桃源"。

地址：门头沟区斋堂镇
交通：乘929支、M09路公交车在爨底下村站下车
门票：35元
开放时间：全天
电话：69819333

旅游达人 游|玩|攻|略

1. 前往爨底下村时，在929支的公交车站会有无数车主在那等候游客，无论游客是到爨底下、灵山还是百花山，票价一律为25元，并且送达目的地，但司机一般要等坐满了一整车人，才会正式出发。没有耐心等公交车的游客，坐这种车去也是不错的选择。

爨底下村

2. 游玩爨底下村时，建议游客早上早点到达村里，然后将村里上上下下看一遍后，中午找一处客栈品尝一下香椿摊鸡蛋、猪肉炖粉条等北方大众菜，下午再去逛下关帝庙、娘娘庙，然后站在娘娘庙的山坡上俯视村子全貌，这样一天下来你几乎可以玩遍整个景区了。

3. 如果时间充足，在游玩爨底下村后，可以选择在这里住一晚上，体验一下晚上的山村气息。这村里几乎都是客栈，不过游客需在中午之前找好客栈，不然到了晚上就很难找到了。客栈房间的价钱一般都不是太贵，其中广亮院的财主院客栈是比较有名的客栈。

06 妙峰山
北京最具文化底蕴的郊区风景之一

妙峰山是北京小西山风景区的一部分，也是集人文和自然风光于一体的自然风景旅游景区。妙峰山主峰海拔1291米，景区内以"古刹、奇松、怪石"而闻名，山上主要景点有惠济祠、回香阁、玉皇顶、碧霞元君庙等，山下有千余亩中外驰名的金顶玫瑰。此外，妙峰山景区内每年还会举办"金顶庙会"。

地址： 门头沟区妙峰山镇
交通： 乘929、890路公交车在丁家滩站下车，再换乘门头沟至妙峰山的汽车可到
门票： 40元
开放时间： 全天
电话： 61882936

🗨 旅游达人　游│玩│攻│略

1. 妙峰山内每年都会举办很多节庆活动，其中有春节祈福纳祥活动（农历正月初一至十五）、春季传统民俗庙会（农历四月初一至十五）、玫瑰节（5月25日至6月18日）、秋山会和红叶节（9月中旬~11月初），节日时整个景区内会充斥着节日气息，游客可以在这些时间段前往游玩。

2. 前往妙峰山游玩时，记得穿一双轻便、舒适的鞋子。另外，可以随身携带一些矿泉水、食物，这样便于随时补充体力。

3. 妙峰山内农历每月初一、十五，都会有众多的香客来此进香。建议只想游山玩水的游客，尽量避开这些时间段。

07 潭柘寺
北京最古老的寺庙

　　潭柘寺规模宏大，是北京郊区最大的一处佛教寺庙古建筑群。该寺庙殿堂随山势高低而建，错落有致。整个建筑群充分体现了中国古建筑的美学原则，内部以一条中轴线纵贯当中，左右两侧基本对称，有殿、堂、阁、斋、轩、亭、楼、坛等建筑形式。此外，寺外还分布有塔院、观音洞、安乐延寿堂、龙潭等众多景观，景色极其优美。

地址： 门头沟区东南部的潭柘山麓
交通： 乘931路公交车在潭柘寺站下车
门票： 55元
开放时间： 夏季8:00～17:00，冬季8:00～16:30
电话： 60863929

　　💬 **旅游达人　游│玩│攻│略**

　　1. 前往潭柘寺游玩时，想玩得更开心、舒适的话，可以提前在网上预订门票、客房、查询预计客流量。预订网址：**www.tanzhesi.com.cn**。

　　2. 在潭柘寺游玩时，游客需注意的是景区内和附近山林是禁止吸烟的。另外，游客也不用携带任何外面购买的香进入景区内，景区中有统一提供的免费香。还有，游客尽量不要在潭柘寺大殿内拍照片。

　　3. 在潭柘寺游玩后，游客可以去旁边的嘉福饭店内品尝美味的传统素食斋菜，体味一番别致的素食风味。

08 戒台寺
我国保存最完整的古老寺院之一

　　戒台寺位于环境清幽的马鞍山上，是北京西郊最为有名的寺庙之一。中国最大的戒坛位于该寺西北院内。该寺坐西朝东，内部环境清幽，古松密布，寺内依次排列有山门殿、钟鼓二楼、天王

殿、大雄宝殿、千佛阁、观音殿和戒台殿等殿宇，依山而建、层层高升，内部主要景点有戒坛、牡丹园、千年香樟木雕弥勒佛等。

地址： 门头沟区永定镇马鞍山上
交通： 乘坐948路公交车在戒台寺站下车
门票： 45元
开放时间： 夏季8:00～18:00，冬季8:00～17:30
电话： 69802645

💬 **旅游达人** 游｜玩｜攻｜略

1. 戒台寺较为安静，游客在这里可以静下心来慢慢游览，体会庙中的清幽气息。

2. 戒台寺中的松树极其出名，主要有活动松、自在松、九龙松、抱塔松和卧龙松等。在戒台寺中游玩时，游客一定要记得好好欣赏寺中这些独具特色的松树。

3. 游玩戒台寺时，游客可在戒台寺饭店中品尝寺院素斋。时间充裕的话，还可以在戒台寺饭店中住上一晚，好好享受一下寺中的佛教气息。

09 云居寺
佛教经籍荟萃之地

云居寺是一座历史悠久的古老寺庙，也是世上稀有而珍贵的文化遗产地，被誉为"北京的敦煌"。该寺内保留有数量众多的唐辽时期的石、砖塔，共设有八进主殿，还开设了"三经展陈""文物收藏""佛教文化"等十二大专题展览。寺内主要藏品为石经、纸经、木版经、舍利等，其中最为出名的是石刻佛教大藏经、佛骨舍利。

云居寺

地址： 房山区云居寺路大石窝镇水头村口
交通： 乘房12、房19、房31路在云居寺站下车，再向北步行可到
门票： 40元
开放时间： 8:30～17:40
电话： 61389612

💬 旅游达人　游｜玩｜攻｜略

1. 云居寺每月都会组织数次大型放生活动，有兴趣参加活动的游客，可以在北京云居寺放生护生团官网上查看具体放生地、放生时间和组织放生人员的联系电话。云居寺放生护生团官网www.bjyjsfshs.com。

2. 云居寺大殿内会有一些人介绍游客刻印、买纪念品之类的东西，建议游客随便看看寺内的景观就够了，不必掏钱买这些东西。当然，如果觉得这些东西确实对自己有用处，也可以选择购买。

3. 农历每月初一、十五时，云居寺中烧香礼佛的游客比较多，在这些日子前往参观的游客应提早到达寺庙内部。

10 青龙峡
北京最美的自然山水风景区之一

青龙峡占地面积庞大，是集青山、绿水、古长城于一体的大型自然风景区。该景区由万里长城登城游览、苍龙峡观飞龙瀑、青龙峡水上游乐园三部分组成。在景区内游玩，游客可以乘龙舟、画舫、快艇，沿水路欣赏两岸风光；夏季能在沙滩浴场上踢足球、打排球、享受日光浴，玩蹦极跳、攀岩、速降等冒险活动，还可以在古长城上看明代古长城敌楼。

青龙峡

地址： 怀柔区怀北镇大水峪村北
交通： 乘936（青龙峡）路公交车在青龙峡站下车
门票： 45元
开放时间： 7:00～19:00
电话： 89696781

🗨 旅游达人 游｜玩｜攻｜略

1. 去青龙峡游玩前，记得带一身换洗衣服，防止在景区弄湿衣服后，不至于感冒。另外，因早晚温差较大，如果想在青龙峡景区边住宿，就得带一件厚点的外套。

2. 游玩青龙峡时，因景区里面的东西比较贵，可以在景区外面的超市内买一些水和食品。不过，青龙峡景区内很大，提太多东西比较累，所以不要买太多。

3. 在青龙峡游玩后，因里面的饭菜比较贵，尽量不要在景区内吃饭，建议游客从景区出来后，在外面找地方吃饭。不过，想在景区内吃饭的游客，可以去四合院式的双标间中就餐。

4. 青龙峡景区内每年都会举办"秋季游园会"活动，在这时候游客既能欣赏美景，还能采摘苹果、鸭梨、红肖梨、山楂、柿子、枣等各种水果。"秋季游园会"活动的举办时间为9月20日至10月20日。

银狐洞
北方最大的溶洞区

银狐洞有"华北的地下迷宫"之称，是华北地区唯一开放的水、旱洞于一体的自然风景溶洞。景区内主要景点有银狐洞、地下河、洞府茶韵、凤凰山等。其中，地下暗河中河水清澈见底，可以在上面划船；银狐洞洞顶倒挂着一条长近2米、形似猫头狐狸身的雪白方解石晶体，银狐洞也因此得名，是最值得一看的景观。

银狐洞

地址： 房山区佛子庄乡下英水村
交通： 乘948路在银狐洞路口下车
门票： 43元
开放时间： 夏季8:00～17:00，冬季9:00～16:00
电话： 60363236

🗨 旅游达人 游｜玩｜攻｜略

前往银狐洞游玩除要带一套换洗衣物外，带一件薄外套也是十分必要的，溶洞（洞内四季恒温13℃）、地下暗河内比较凉爽，套件外套非常有必要。

12 黑龙潭
北京郊区的一座大型山水园

黑龙潭位于石城镇轱辘峪峡谷中。该峡谷蜿蜒曲折，峡谷两壁陡峭奇耸、峰峦叠嶂，春花、秋月、平沙、落雁、曲、叠、沉、悬潭等十八个名潭散落在峡谷中，具有新、奇、险等特色，主要景点有黑龙头潭、珍珠串、三潭叠瀑、悬潭、沉潭和平沙潭等。其中，黑龙头潭为十八潭的门户。

黑龙潭

地址：密云县石城镇鹿皮关北面
交通：乘980路公交车在密云鼓楼站下车，再换乘去黑龙潭、京都第一瀑面的专线车可到
门票：45元
开放时间：8:00～18:00
电话：61025028

旅游达人 游│玩│攻│略

游客在前往黑龙潭景区游玩前，可以先在景区官网上看一下景区风光视频，大致了解下景区内的具体景观，这样玩起来会更为舒适、自如。另外，还可以在官网上的游人在线板块咨询景点内的一切信息。官网网址：www.bj-hlt.com。

13 双龙峡
京西"小九寨"

双龙峡位于风景优美的青山翠谷中，是集吃、住、行、游、购、娱于一体的大型自然风景区。该风景区水资源丰富，山峦壮美，林木繁茂，动植物种类繁多，主要有玉龙湖、清幽湖、坐听双

琴、仙女湾、第一瀑布（日月潭）、二百年野生猕猴桃仙聚柳等景点，其中最为出名的是第一瀑布
（日月潭）。

地址： 门头沟区斋堂镇火村南青山翠谷中
交通： 乘929（支线）路公交车在在火村口站下车，再乘坐双龙峡接送车可直接进入双龙峡景区内
门票： 30元，联票60元
开放时间： 88690146
电话： 7:30～17:30

🖹 旅游达人 游｜玩｜攻｜略

1. 游客在前往双龙峡景区游玩前，可以先在景区官网上看一下景区三维全景图，大致了解下景区内的具体景观，这样玩起来会更为舒适、自如。官网网址：www.slongxia.com。

双龙峡

2. 前往双龙峡景区内游玩时，建议游客购买联票，这样一来不仅不用再单独购买门票，还能免费乘小火车往返、免费划船半小时。

3. 双龙峡景区中，每年的6月底至7月初有大红杏可供游人采摘；每年9月10日左右，有3000棵核桃树可以采摘核桃。此外，每年"十一"黄金周后，游人还可以在这里看满山遍野的红叶。

4. 游玩双龙峡景区时，喜欢玩CS的游客，可以在景区内玩真人CS，体验深山游击战、森林伏击战、攻坚战等多种战法。真人CS收费标准为半天120元/人，全天220元/人，具体情况可打电话69819988咨询。

北京郊区其他景点推荐		
名称	地址	电话
金海湖	平谷区金海湖镇海子村北	69991356
红螺寺	怀柔区雁栖镇红螺山下	60681639
桃源仙谷	密云县密云水库西岸	61025667
百花山风景区	房山区史家营乡莲花庵	60390260
雾灵山	密云县新城子镇曹家路村	81022498

那些最容易被忽视的景点

01 八大处公园

历史悠久、文脉丰厚的佛教寺庙园林

八大处公园

八大处公园是距市中心最近的现代都市山林公园，得名于公园内有八座古寺(灵光寺、长安寺、三山庵等)。八大处公园被太行余脉翠微山、平坡山、卢师山三山环抱，景色幽美，公园内有八座古刹、"十二景"等景观，是烧香拜佛、登山远眺的好去处。

地址: 石景山区西山风景区南麓

交通: 乘347、389、598路等公交车在八大处站下车

门票: 门票10元，索道50元，滑道50元，索滑道套票80元，溜索票50元，中华第一砚3元

开放时间: 3月16日~4月15日6:00~18:30，4月16日~8月31日6:00~19:00，9月1日~11月15日6:00~18:30，11月16日~3月15日6:00~18:00

电话: 88964661

💬 **旅游达人　游|玩|攻|略**

1. 游玩八大处公园时，喜欢饮茶的游客可以去菩提缘茶社、翠微茶社两所茶社中品茶。菩提缘茶社位于二处灵光寺院西北角，推荐饮茶种类有龙井、铁观音、六安瓜片，联系电话：88963962，营业时间：10:00～22:00。翠微茶社位于三山庵，推荐饮茶种类有普洱、六安瓜片，联系电话：88963598，营业时间：7:00～22:00。

2. 八大处公园每年春、秋两季都分别会举办"北京八大处中国园林茶文化节""八大处重阳游山会"这两大大型传统旅游文化活动，具体举办时间和活动内容可以查看八大处公园官网，官网网址：www.badachu.com.cn。

02 日坛公园

明清两代帝王祭祀大明之神——"太阳"的场所

日坛公园是一座古典式园林，具有趣、幽、静、雅、美的特色。日坛公园内古树密布，景色优美，公园中的日坛是北京市著名文物古迹"五坛"之一，园内的主要景观有西天门、玉馨园、具服殿等。

日坛公园

地址： 朝阳区日坛北路6号
交通： 乘1、9、43路等公交车在日坛路站下车，再向北步行可到日坛公园南门；或乘地铁1号线在永安里站下车
门票： 免费
开放时间： 8:00～21:00
电话： 85622612

💬 **旅游达人　游|玩|攻|略**

游玩日坛公园，建议在夏、秋两个季节前去，那时连天的荷叶（夏季）、满地金黄的银杏叶（秋季）会带你更好体会公园的美。

03 神堂峪自然风景区

神堂峪自然风景区

神堂峪自然风景区集大山、河流、长城于一体，是供游人娱乐、休闲和度假的大型综合性风景区。风景区内占地面积极其庞大，绿色植被覆盖率广，秀美的雁栖河边横卧着雄伟壮观的古长城，景区内奇山、怪石林立，是吃农家饭、垂钓、烧烤的好去处。

神堂峪自然风景区

地址: 怀柔区雁栖镇石片村1号
交通: 乘H39路公交车在神堂峪风景区总站下车
门票: 26元
开放时间: 6:00~19:00
电话: 89617093

💬 旅游达人　游 | 玩 | 攻 | 略

1. 游玩神堂峪风景区时，建议自驾车或者包车前往。若乘公交车前往，尽量早点去汽车站，随身少带点东西。

2. 若要在神堂峪风景区进行自助烧烤，需交10元场地费。

04 京都第一瀑

京郊水量最大的瀑布

京都第一瀑是由云蒙山的泉水自石崖上倾泻而下，注入石崖下的深潭中而形成的瀑布。登上石崖，可以看到六潭连珠、通天塔等景观，还能看到众多奇峰怪石。冬天来这里游玩，还能见到美丽的冰瀑。

地址：密云县石城乡柳棵峪

交通：30元

门票：乘密60、密61路等公交车在黑龙潭站下车，再转乘密63路公交车在四合堂站下车可到

电话：69016268

京都第一瀑

🚌 **这样游览最便捷**••••••••••••

在游览完京都第一瀑后，可以顺便前往精灵谷风景区游玩。该风景区位于京都第一瀑北侧（密云水库西北角），是大山深处的一座天然幽谷，风景优美，幽谷里面还有一处非常出名的"灵泉"。电话：69016269。

💬 **旅游达人** 游 | 玩 | 攻 | 略

游玩京都第一瀑时，可以选择在七八月份的时候，前去避暑、看满坡的野花；也可以选择在冬季前往，看冰冻后的京都第一瀑中的冰瀑、冰潭景观。

05 汉石桥湿地公园
北京市平原地区唯一的大型芦苇沼泽湿地

汉石桥湿地公园

汉石桥湿地公园是芦苇大面积生长地，也是珍稀水禽的栖息地。该公园环境优美、空气清新，内部设有探索湿地、湿地野钓、趣味自行车等诸多游乐项目。来到这里，能让你暂时抛却工作、生活上的烦忧，静静地享受美丽自然风光。

地址：顺义区汉石桥湿地自然保护区

交通：从东直门长途汽车站乘915路旅游专线在汉石桥湿地下车

门票：免费

开放时间：9:00～17:00

电话：61411200

1. 汉石桥湿地公园在每年11月中旬会闭园，到次年3月才会重新开放。大家游览前要注意选择时间。

2. 汉石桥湿地公园面积较大，步行游览比较累，可以选择乘坐游船、观光电瓶车、自行车等方式游玩。

06 智化寺
闹市中的明代古刹

智化寺，又称北京文博交流馆。该寺是目前北京市内最大的明代木结构建筑群，也是凝听高深美妙的佛教音乐的好去处。寺庙坐北朝南，有山门、智化门（即天王殿）、智化殿等主体建筑，寺内有佛像、浮雕、壁画等景观。另外，市内还收藏有一部被称为目前世界上仅存的两部汉文大藏经经板之一的乾隆版《大藏经》经板。

地址：东城区禄米仓胡同5号
交通：乘44、750、800路公交车在雅宝路站下车，或乘地铁2、6号线在朝阳门站下车
电话：65253670

智化寺

智化寺

去智化寺时，你可能会在寺院门口遇到一些自称导游的人，主动前来带你游览。遇到这种情况时，建议你用委婉的言辞拒绝他们，然后独自进入即可。

西什库教堂

北京最大的天主教堂

西什库教堂，又称北堂，因先前设在一个称为蚕池口的地方，所以也称为蚕池口教堂。该教堂为典型的哥特式建筑，主建筑由四个高高的尖塔、三个尖拱券入口和主跨正中圆形的玫瑰花窗组成，大堂平面呈十字架形状。此外，该教堂还有修道院、图书馆、后花园等附属建筑。

旅游达人 游│玩│攻│略

1. 西什库教堂每天都有天主教弥撒（天主教圣体圣事礼仪），喜欢聆听的游客可以在固定的时间内前往教堂内。具体时间：周日6:00、7:00、8:00、10:00、18:00，周一至周六6:00、7:00。

2. 西什库教堂内会有很多新人在这里举行婚礼，若运气好的话，游玩教堂的时候还可以看到一场盛大的婚礼仪式。

西什库教堂

地址： 西城区西什库大街33号
交通： 乘14、55、685路公交车在西安门站下车，再向北步行可到；或乘地铁4号线在西四站下车，再向东步行可到
门票： 免费
开放时间： 6:00～18:00
电话： 66175198

08 北京凤凰岭自然风景公园

北京的天然氧气库

北京凤凰岭自然风景公园是大自然赐予人类的一片净土，也是北京观光、度假和举行会议的好地方。山上的龙泉寺是学诚法师驻锡地。公园内环境优美，瓜果飘香，园内遍布佛、道、儒等宗教文化建筑及古东方养生文化的遗址、遗迹。公园内有北、中、南线三条景观线路，其中，北线有李儿港海崖地貌、飞来石塔等景观，中线有仙人洞、三佛洞等景观，南线有黄普院、关帝庙等景观。

地址： 海淀区苏家坨镇凤凰岭路19号
交通： 乘346路公交车在凤凰岭站下车
门票： 25元
开放时间： 淡季7:00~17:00，旺季6:00~18:00
电话： 62459492

🚌 这样游览最便捷 ••••••••••••••••••••••••••••

游客在游览完北京凤凰岭自然风景公园后，可以顺便前往白虎涧自然风景区游玩。该风景区位于北京凤凰岭自然风景公园北侧（昌平区阳坊镇境内），内部山峰错落林立，山体绵延宏伟，有"神岭千峰"之称，是北京著名的"燕平八景"之一。奇丽的山峰、幽深的沟谷、横流的溪水是景区三道靓丽的风景线。景区电话：69767388。

💬 旅游达人 游│玩│攻│略

1. 北京凤凰岭自然风景公园每年农历正月初一至初六都会举办凤凰岭春节庙会，游客在这时候来公园可以观看民俗表演，免费品尝"平安面"，参加"新春祈福"活动等。

2. 游玩北京凤凰岭自然风景公园时，建议穿一双比较轻便、舒适的鞋子，并带上水和食物。另外，平时不怎么运动的人，建议爬山时不要爬到山顶上去，不然第二天你可能会因为大腿肌肉疼痛而无法下楼梯。

3. 白虎涧自然风景区内山川景色虽美，但地势坎坷不平，游客要尽量做到观景不走路，走路不观景，特别要注意拍照的时候选择脚下安全的地方，以免不小心滑倒摔伤身体。

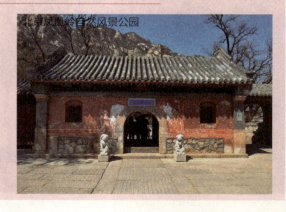
北京凤凰岭自然风景公园

阳台山自然风景区

以"古寺八绝"闻名

阳台山自然风景区以林、泉、寺闻名，是北京一处风景优美的旅游景区。该风景区内有着海拔较高的阳台山，山上植物种类繁多，植被层次丰富，有金仙庵、清水院、金水院、香水院等景观，还有壮观的千亩玫瑰园景区，是登山、揽胜的好去处。

地址： 海淀区阳台山路北安河
交通： 乘346、848（北段）、临线902路等公交车在九王坟站下车，再向西步行可到
门票： 8元
开放时间： 8:00～18:30
电话： 62464550

🚌 这样游览最便捷 ●●●●●●●●●●●●●●●●●●●●●●●●●●●●●●●●●

游客在游览完阳台山自然风景区后，可以顺便前往鹫峰国家森林公园游玩。该公园位于阳台山自然风景区南部（海淀区苏家坨镇小西山风景区），自古就是北京有名的风景旅游胜地，园内山峰奇特秀美，树木繁多，有国际梅园、秀峰寺、盆景轩、寨儿峪谷垒区等美丽景观，是北京郊游的一个好去处。电话：62455825，开放时间：8:00～17:00。

💬 旅游达人 游|玩|攻|略

1. 在阳台山自然风景区游玩时，建议随身携带一个水壶，在到达金水院（金山寺）景点时，可以去寺旁边的金山泉中装一些泉水，这里的泉水清凉绵甜、水质很好，将它带回家用来泡茶喝是非常不错的选择。

2. 鹫峰国家森林公园内可游玩的景点非常多，可选择的游览线路也很多，建议沿着这条线路游玩：国际梅园—秀峰古刹—地震台—登山古道—鹫峰山庄—消债寺—朝阳观音洞—盆景轩—餐云饮燕—鹫峰主峰。这样一路下来，你就可以将景区内的大部分景点尽收眼底了。

3. 鹫峰国家森林公园内每年都会举办踏青赏花游鹫峰活动、园庆月系列活动、登千年古道游鹫峰活动等活动，游客可以选择在活动举办期间前来游玩，感受节日带来的快乐。踏青赏花游鹫峰活动时间为3月15日至4月23日，园庆月系列活动举办时间为4月24日至5月23日，登千年古道游鹫峰活动常年举办。

阳台山自然风景区

北京王府井夜景

PART **3**

Shopping北京

血拼时尚街区

王府井步行街是北京最著名的老牌商业区之一，在北京享有"金街"的美誉。王府井步行街商业气息浓厚，大型商场密布，且北京很多老字号商铺、小吃都能在这里找到，是来到北京游玩的人逛街、购物的首选之地。

地址： 东城区王府井大街

跨度： 南起东长安街，北至中国美术馆，全长约3千米

交通： 乘特11、103、104路等公交车在王府井站下车，或乘地铁1号线在王府井站下车

💬 **旅游达人** 游|玩|攻|略

1. 王府井大街上没有停靠等待的出租车，当你购物完后，想要离开，建议尽量选择公交车或者地铁，千万别去打"黑车"，不然可能原本很近的地方，司机都能漫天要价，然后带着你转一大圈才把你送到目的地。如果，实在不想挤公交、地铁的话，可以只在公交车、地铁上乘坐一两站后，再下车打出租车。

2. 王府井步行街里面的商城大多数都是可以刷卡的，建议别在身上带太多的现金，这样就可以避免在遇到扒手时，遭受财物损失。

3. 王府井大街上很多地方都提供免费的**WIFI**信号，可以边逛街边在这里免费上网。

📍 **东方新天地**：东方新天地是王府井大街上的一道非常炫目的风景，是东方广场中集购物、休闲、娱乐于一体的大型商城。走进这里，狭长的通道两边皆是摆满了货物的店铺，各种时尚、潮流的品牌服装、家居日用品等物品都能在这里找到。此外，商城里面还配备美食街、电影院、儿童乐园等服务设施。
地址：东城区东长安街1号东方广场
电话：85186363

💬 **旅游达人** 游|玩|攻|略

1. 东方新天地每逢节假日，商城内都会有打折销售活动，顾客这时候买东西可以省不少钱。不过，要尽量早点到商城内，不然你只能在人缝中挑选东西。

2. 在东方新天地购物时，开车去的顾客一定要记得随身携带停车卡，当在商城内购物满150元时，就能拿着发票或小票，还有停车卡，去服务台抵扣1小时停车费。

📍 **王府井百货：** 王府井百货，又称北京市百货大楼，享有"新中国第一店"的美称。该楼典雅、古朴，具有浓郁的民族特色。楼内环境舒适，不仅有众多的京城传统百货，还引进了大量海外知名品牌，如宝姿、安姬奥、施华洛士奇等，是王府井大街中休闲、购物的好去处。

地址：东城区王府井大街255号

电话：65223388

💬 **旅游达人** 游｜玩｜攻｜略

1. 在王府井百货购物后，建议去商城四楼品尝一下美食，享受休闲、购物的乐趣。另外，这里晚上10点才停止营业，晚上来这里看夜景也是不错的选择。

2. 在王府井百货购物时，由于商场内人比较多，为了安全起见，一定要看管好自己的财物。另外，带小孩去的顾客，也要看好自己的小孩以免走失。

📍 **工美大厦：** 工美大厦是北京专营工艺美术品的商店，有工艺品专营"华夏第一店"的称号。该商店商品种类繁多，一层是黄金、珠宝、纪念品专柜，二层是旅游工艺品商场，三场是特色礼品商场，四层是玉石文化用品商场，再往上是运动品牌折扣店。

地址：东城区王府井大街200号

电话：65232931

💬 **旅游达人** 游｜玩｜攻｜略

在工美大厦看完工艺美术品后，不妨去楼上的上品折扣店看看，运气好的话，你可以在里面"淘"到很多价廉物美的东西。

北京apm购物中心：北京apm购物中心原是著名的新东安市场，现是一家"中西合璧"的现代商城。该大楼设计风格极具特色，是北京20世纪90年代十大建筑之一。商城内既有老北京特色商品，又有新一代消费者追捧的时尚品牌。其中，地下一层的老北京一条街内有众多老字号店铺。

地址：东城区王府井大街138号

电话：58176995

🗨 旅游达人 游|玩|攻|略

　　北京apm购物中心内既有购物区，也有美食区，还有电影区，来王府井步行街购物时，一定不要错过哦。

王府井购物场所推荐		
名称	地址	电话
天元利生体育商厦	东城区王府井大街201号	65250870
乐天银泰百货	东城区王府井大街88号(近王府井教堂)	59785888
吴裕泰茶庄	东城区王府井大街186号	65254961

02 前门大街
老字号商铺密布的商业街

前门大街位于正阳门前，是北京著名的商业街。该大街上有数百家老字号商店和传统经营特色商店，货物种类众多，价格也较为实惠。此外，这里还封存着老北京对梨园文化最初记忆的广和楼，它也是人们来前门大街游玩不可不看的一处景观。

地址： 西城区前门大街
跨度： 北起前门月亮湾，南至天桥路口，与天桥南大街相连，全长约为845米
交通： 乘5、8路等公交车在前门站下车；或乘坐地铁2号线在前门站下车

旅游达人 游|玩|攻|略

1. 在前门大街购物时，如果遇到商家说凭购物小票可以抽奖什么的，建议你拿到小票后，直接忽视卖家的话，拿东西走人。如果你听他的建议，拿着小票去抽奖的话，很可能就会抽到一等奖，最后还得加钱买奖品，而这奖品很可能是假的或根本不值这么多钱的廉价物品。

2. 前门大街上有"前门一号"和"前门二号"铛铛车，游客可以花20元钱买一张票上去坐坐，车上的售票员也会在车子启动后，给乘客讲解和介绍前门以及铛铛车的历史。不过，需要注意的是车厢内禁止吸烟，喝了酒的乘客也不能上车。

中国书店： 中国书店是我国目前最大的古旧书店，历史悠久，是北京最为出名的老字号书店。书店分为上下两层，一层主要是旅游类书籍，不同的节假日会有不同品种的新书出现；二层主要是古旧书，种类繁多，体现着中国书店特有的传统特色。
地址： 东城区王府井大街255号
电话： 65223388

 旅游达人　游｜玩｜攻｜略

　　中国书店内环境极为清净，游客在逛完前门大街后，可以来这里看看书，顺便买些小人书、旅游纪念品等。不过，需要注意的是，书店不允许带食品进去。

📍 **庆林春茶庄：** 庆春林茶庄创办于1927年，因所在地地理位置好，茶叶品种多，成为北京最有名的茶庄之一。该茶庄经营的茶叶档次多样，茶品齐全，主要有红茶、绿茶、茉莉花茶、乌龙茶等品种，茶叶品质好，且店内服务周到，是在北京购买茶叶的理想之地。

地址：东城区前门大街9号

📍 **尚珍阁：** 尚珍阁始创于民国时期，是北京的一间老字号工艺品商店。该店门脸虽小，但里面出售的商品种类却非常多，包括旅游纪念品、恒源祥毛线、旗袍等，商品价格较为实惠，店内服务态度也非常好。

地址：东城区前门大街39号

💬 旅游达人　游｜玩｜攻｜略

　　尚珍阁店面比较小，但买东西的顾客非常多，建议想买东西的顾客尽量早点去。

📍 **Zara：** Zara以经营时尚服饰为主，是北京Zara的旗舰店。该店店面较为宽敞，环境舒适，店内主要服装品种包括男装、女装等，不少货物是西班牙总店专门为打造店面形象而搭配的货品，在其他店中几乎难以找寻，因而这里成为了最受北京年轻一族追捧的店铺之一。

地址：东城区前门大街56号

电话：67017060

💬 旅游达人　游｜玩｜攻｜略

　　Zara每逢法定节假日商品都会打折，顾客可以选择这时候前往，这样就可以花比平时少的钱，买到想要的衣服。不过，节假日店内顾客较多，你最好早点到达店内，这样就可以慢慢挑选了。

前门大街购物场所推荐		
名称	地址	电话
盛锡福帽店	东城区前门大街196号	65130620
都一处烧卖馆	东城区前门大街38号	65112093
H&M	东城区前门大街72-82号	67060508

03 大栅栏

南中轴线上的著名商业街

大栅栏位于老北京中心地段，是南中轴线的一个重要组成部分，历史上就是一条著名的商业街。大栅栏两侧的建筑物色调、风格统一，散发着古香古色的气息，街道上老字号商铺密布，小商品繁多，文物古迹深藏其中，是游玩北京值得一去的地方。

地址： 西城区大栅栏

跨度： 西起煤市街，东至珠宝市街，全长约为275米

交通： 乘20、71、120路等公交车在大栅栏站下车，或乘地铁2号线在前门站下车

📍 **大栅栏购物中心：** 大栅栏购物中心地理位置优越，是很有老北京气息的购物中心。该购物中心主要经营衣服、工艺品等物品，样式多样，且价格较为便宜。该购物中心的商品，多适用于中老年人，适合买下来作为送给家人的礼物。

地址：西城区大栅栏商业街大栅栏街18号

电话：63083556

📍 **正明斋：** 正明斋始建于1864年，是北京一家自产自销京式传统风味糕点的老字号店铺。正明斋制作的饽饽一直是宫廷贡品，其品种包括有硬皮、油炸、酥皮、蛋糕、糖皮等。其中，精品糕点就有数十种之多，如奶皮饼、干菜月饼、萨其马、蜂蜜蛋糕、桃酥、黄酥月饼等。

地址：东城区南芦草园胡同1号

电话：65113534

💬 **旅游达人 游|玩|攻|略**

在大栅栏购物中心挑选小商品时，遇到自己特别喜爱的就下手购买，不过一定要记得跟卖家砍价。

大栅栏购物场所推荐		
名称	地址	电话
同仁堂	西城区大栅栏商业街24号	63030221
广德楼戏院	西城区大栅栏商业街大栅栏街39号	63032278
张一元茶庄NO.1	西城区珠市口西大街临时19-1号	63163516
瑞蚨祥鸿记	东城区王府井大街190号	65234147

04 西单
年轻人的购物天堂

西单因有着老北京城俗称的西单牌楼而得名，是北京西城区的著名的商业街区。大街上有琳琅满目的商品，是人们在北京休闲、购物的好去处。同时，西单大街上充斥着各种青春时尚的元素，是年轻人的"购物天堂"。

地址： 西城区西单

跨度： 南起宣武门，北至新街口路口，全长5.4千米

交通： 乘1、10、52路等公交车在西单路口东站下车；或乘地铁1号线在西单站下车

📍 **大悦城：** 大悦城是西单大街的商业旗舰店，也是北京最具号召力的购物商场之一。商场外部为玻璃装饰，极其华丽，内部布局合理，给人宽敞、舒适的感受。该商场内时尚品牌众多，高、中、低档商品都能在这里找到，主要品牌有Guess、CK、ZARA等。此外，该商场内还有餐饮区、电影院等服务设施。

地址：西城区西单北大街131号

电话：66517777

💬 **旅游达人** 游｜玩｜攻｜略

1. 大悦城内有直通餐饮区的"飞天大滚梯"，这是世界上跨度最长的飞天梯之一，顾客在商城内买完东西后，不妨体验下乘飞天梯的感受，顺便品尝一下商城内的美食。

2. 大悦城内很难找到停车位，建议游客坐公交车、地铁过去购物。

📍 **汉光百货（原中友百货）**：汉光百货是西单人气最旺的商城之一，名目繁多的促销活动是商城的主要特色。该商城一层有众多靓丽的化妆品专柜，里面放置了众多国际奢侈品牌化妆品。商场内的服饰以大众品牌为主，款式更新极快，打折活动也层出不穷。同时，地下一层还有运动能量馆，许多经典的运动休闲品牌都能在这里找到。

地址：西城区西单北大街176号

电话：66018899

💬 **旅游达人** 游｜玩｜攻｜略

1. 汉光百货商城内一年四季都会有打折活动，其中以法定节假日和周末最为疯狂。不过，顾客在这时候前往商城时，一定要记得尽量早点去，否则只能淹没在人海里了。

2. 汉光百货商城内购物人群非常多，建议顾客在购买商品时，小心看管好自己的随身物品。

📍 **新一代商城**：新一代商城以时尚、年轻为商场定位，商城内设有各式各样、满目琳琅的小店铺，主要经营服装、鞋帽、日用品、玩具等商品。在该商场内购物，你可以轻易找到时下流行的各种小商品，这也是年轻人乐意在这里购物的原因所在。

地址：西城区西单堂子胡同9号

💬 **旅游达人** 游｜玩｜攻｜略

在新一代商城内某些店铺购物时，一定要记得跟卖家砍价，往你心目中所认为货物价值的最低价砍，这样才能买到称心如意的商品。

📍 **西单商场：** 西单商场是西单商业街上资格最老的商城，也是西单商业街上的标志性建筑之一。该商城主要经营各类适合中老年人的服装品牌和年轻人喜爱的运动休闲品牌。其中，运动广场内的运动休闲品牌，时常会推出折扣极低的打折活动。

地址：西城区西单北大街120号

电话：66565588

💬 **旅游达人** 游｜玩｜攻｜略

西单商城每逢冬、春换季之时，商城内的羽绒服会以极低的折扣出售，想要购买低价羽绒服的顾客建议在这时候前往卖场内购买。

西单购物场所推荐		
名称	地址	电话
北京君太百货	西城区西单北大街133号	66126888
华威大厦	西城区西单北大街130号	62028888
西单赛特商城	西城区西单北大街111号	66150218

05 动物园服装一条街
购买物美价廉的服饰的好去处

当谈到在北京买便宜衣服该去哪里时，大多数人都会说去动物园服装一条街。在这里有着数个服装大卖场和众多服装小店，里面批发和零售的衣服都有，绝对是一个能让你买到既实惠又时尚的衣服的理想地方。

地址： 西城区西直门外大街

交通： 乘102、332、685路等公交车在动物园站下车，或乘地铁4号线在动物园站下车

💬 **旅游达人** 游｜玩｜攻｜略

在动物园服装一条街买衣服时，一定要装出一副很老到的样子跟老板砍价，这样你才能买到便宜的衣服。另外，这条街上的大多数店铺营业时间都是在5:00～17:00，所以想买东西就起个大早吧。

📍 **东鼎服装批发市场：** 东鼎服装批发市场位于北京动物园服装批发市场商圈中心地带，开业于1998年，是当时动物园地区服装商户"退路入厅"时期开办的第一批市场之一。该商场共有六层购物区，每层内都有专业的市场定位，商城内以经营服装批发为主，同时兼营鞋类、箱包、小百货等商品。

地址：西城区西直门外大街132号

电话：68353481

💬 **旅游达人** 游｜玩｜攻｜略

东鼎服装批发市场以批发商品为主，建议顾客在购买单件商品时，尽量跟卖家砍价，这样就可以买到物美价廉的商品。

📍 **金开利德国际服装批发市场：** 金开利德国际服装批发市场位于北京动物园公交枢纽四达大厦内，占据着北京动物园服装一条街的核心位置。该市场营业面积庞大，拥有数千件商铺，荟萃了众多国内外知名服装品牌，是集休闲、娱乐、餐饮、购物等功能于一体的大型现代化服装批发市场。

地址：西城区西直门外大街136号动物园公交枢纽四达大厦2－5楼

电话：88378058

💬 **旅游达人** 游｜玩｜攻｜略

北京金开利德国际服装批发市场内衣服多，且价格比较便宜，但是周末来这里买衣服的人特别多，建议想买衣服的顾客早点来到这里。另外，顾客在这里购物时，一定要小心看管好自己的随身财物。

动物园服装一条街购物场所推荐

名称	地址	电话
聚龙外贸商城	西城区西直门外大街135号展览馆广场B1-B2楼	68368335
丽簇服饰	西城区西直门外南路	68331950
众合动物园服装批发市场	西城区文兴街1号	68312001
天皓成服装商品批发市场	西城区西直门外大街137号	88313101

06 东单银街
发展极为迅速的"贵族"商业街

东单银街又有"贵族街"之称，是北京迅速发展起来的一条繁华商业街。东单银街上汇集了来自世界各地的名牌服饰专卖店，如利兹·简、李宁、彪马等。该街在北京的服装、服饰领域，有着较强的时尚号召力，是年轻人购物的理想之地。

地址： 东城区东单
跨度： 南起东长安街，北至东四
交通： 乘106、108、110路等公交车在东单路口北站下车，或乘地铁1号线在东单站下车

东单银街购物场所推荐

名称	地址	电话
台北格格屋	东城区东四南大街95号	65121986
鸿星尔克运动装	东城区东四南大街39号	85186363
真维斯	东城区东四南大街96号	85186258
三友商场	东城区东四南大街17号	65123812
熊太郎	东城区东四南大街73号	65258388

名品折扣，
Go!Go! Go!

01 上品折扣

深受顾客喜爱的超大型折扣商场

上品折扣营业面积庞大，涵盖了三个楼层。该店二层以女装、儿童、内衣为主，三层以男装、皮具、鞋类为主，四层以运动装、休闲装、户外装备为主，商品齐全，价格优惠，是深受广大消费者喜爱的超大型专业折扣商场。

地址：朝阳区北苑路158号家和城2－4楼
交通：乘地铁5号线在大屯东站下车
电话：85278090

💬 旅游达人 游|玩|攻|略

在上品折扣购买东西时，想要得到最大的折扣除了靠运气碰以外，最好的办法还是节假日来这里，可以买到相当低折扣的惊喜。不过，节假日逛街的人比较多，建议尽量早点前往店铺内挑选商品。

上品折扣其他店铺推荐		
名称	地址	电话
中关村店	海淀区北四环西路52号方正大厦1-4楼	51721200
五棵松店	海淀区西翠路5号今日商业中心1-2楼	88283350
王府井店	东城区王府井大街200号工美大厦5楼	65288866-5011
朝阳门店	朝阳区朝阳门外大街19号华普国际大厦2-3楼	65804883
来广营店	朝阳区香宾路66-1号	59578666

02 法雅体育工厂店

品牌商品最为齐全的仓储式折扣店

法雅体育工厂店位于皂君庙西单商场购物中心内，是北京营业面积最大且品牌最多的仓储式运动品类折扣店之一。该店1楼以休闲品牌为主，包括以纯、班尼路等店铺；2、3楼以运动品牌为主，主要有耐克、阿迪达斯等店铺。这里的主要商品以运动品牌为主，是年轻人"淘"运动装、运动鞋的不二之选。

地址：海淀区皂君庙28号
交通：乘319、87路等公交车在皂君东里站下车
电话：62128208

💬 旅游达人　游│玩│攻│略

法雅体育工厂店中的商品买三件可以折上再打折，建议尽量约上几个好友一起去，这样就可以一同享受折上折了。另外，如果只是一个人去买的话，你也可以叫上不认识的人一起凑单，商场里面的服务员有时也会帮客户凑单争取折上折。

去北京 终极实用版

03 耐克工厂店
以经营换季品牌商品为主的折扣店

　　耐克工厂店外部建筑时尚大气，是一个换季打折品牌店。这家店内主要是耐克的体育商品，特别是运动鞋、运动衣这些商品特别多，折扣也很低。来到这里，慢慢挑、慢慢选，你可以淘到不少自己感觉称心如意的东西。

地址：西城区马连道路11号B&Q旁
交通：乘89、46、414路等公交车在马连道胡同站下车
电话：63311028

耐克工厂店其他店铺推荐	
名称	地址
万源广场店	丰台区东高地万源西里航天万源广场1楼
五道口店	海淀区中关村东路8号卜蜂莲花内
法雅店	海淀区皂君庙28号西单商场皂君庙购物中心3楼
圣熙八号店	海淀区学清路甲8号圣熙8号购物中心内

04 阿迪达斯折扣店
商品种类极为齐全的折扣店

　　阿迪达斯折扣店位于人气旺盛的王府井大街上，主要经营阿迪达斯运动类衣服、鞋子。该店虽是折扣店，但里面的衣服和鞋子款式却非常多，价格实惠，质量也好，是学生、普通上班族购买阿迪达斯产品的首选之地。

地址： 东城区王府井大街168号新中国儿童用品商店5楼

交通： 乘特11、103、104路等公交车在王府井站下车，或乘地铁1号线在王府井站下车

💬 **旅游达人** 游 | 玩 | 攻 | 略

　　阿迪达斯折扣店内打折商品特别多，虽有断码的商品，但是仔细挑选后你还是能找到一款令自己称心如意的商品。因而，建议你在进去阿迪达斯折扣店后，一定要慢慢挑。

阿迪达斯折扣店其他店铺推荐	
名称	地址
华威商场店	西城区西单北大街130号华威商场3楼
东方奥特莱斯店	朝阳区姚家园路甲1号活力东方奥特莱斯购物广场内
北苑家园店	朝阳区秋实街1号易事达广场
卜蜂莲花折扣店	海淀区中关村东路8号东升大厦B座1楼

第五大道奢侈品网
中国第一家有实体店的知名品牌网上折扣销售中心

　　第五大道奢侈品折扣网是由海外留学归国的人组建成的创业团队在北京创办的中国第一家全球知名品牌网上折扣销售中心。该店不仅仅只提供网上购物，还可以在实体店购物。实体店内设有实物摆放区、顾客休息区和网上选购区，服务态度非常好，是能满足你购物需求的好去处。

地址： 工体北路8号三里屯SOHO 5号商城1楼

交通： 乘地铁1号线在大望路站下车

电话： 85892837

💬 **旅游达人** 游 | 玩 | 攻 | 略

　　第五大道奢侈品折扣网有实体店购买和网上商城购买（网址：www.5lux.com）两种购买方式，给购买商品的顾客提供了方便。不过，建议时间充裕的顾客可以在网上商城了解了产品样式和价格后，再亲自前往实体店中看了商品后在考虑是否要购买。

06 朗姿女装购物广场
能满足女士购物欲望的购物天堂

朗姿女装购物广场建筑外观华丽、气派，以经营高档女装为主。广场内服务人员态度很好，货物种类众多，休闲、时尚、上班通勤类的衣服在这里都可以找到，且衣服价位合理，质量很好，换季时折扣也相当低，是爱逛街的女生心中的购物天堂。

地址：近郊顺义区后沙峪空港工业区B区裕华路24号
交通：乘顺28路区间公交车在火沙路口下车
电话：80483778

💬 **旅游达人** 游｜玩｜攻｜略

1. 前往朗姿女装购物广场购物时，可以先在官网上（www.lancygroup.com）查看下服饰品牌和促销活动的信息。

2. 朗姿女装购物广场内有免费的停车场，即使周末去也不用担心车子没处停放。另外，广场内试衣间很多，不用担心为试衣排队等候，逛累了的时候还可以在广场内舒适的沙发上休息。

3. 朗姿女装购物广场中的餐馆小吃种类众多，口感适中。另外，广场内还有供儿童玩乐的儿童乐园，很适合周末带孩子前来购物。

07 世纪天鼎折扣商城
适合女生逛街淘宝的商品折扣店

世纪天鼎折扣商城位于繁华的珠市口东大街上，是北京一个比较有名的商品折扣店。该商场以卖美容化妆品、家具类产品、服饰和小饰品为主，商品种类众多，价格实惠，是女生逛街"淘"宝的最好去处之一。

地址：东城区珠市口东大街16号崇文劳动保障大厦
交通：乘23、57路公交车在过街楼站下车
电话：67075588

 旅游达人 游│玩│攻│略

1. 女生在逛世纪天鼎折扣商城时，如果想给自己做美发、美甲就千万不要犹豫，这里的价格相对比较便宜，服务也好。

2. 逛世纪天鼎折扣商城时，不能光听商家介绍，顾客得学会自己挑选商品，并要学会砍价，这样才能买到称心满意的商品。

08 365名品折扣广场
以销售应急库存商品为主的折扣店

365名品折扣广场以知名品牌的应季库存商品为主要货源，以比市场价格低廉很多的折扣销售，并在折扣的基础上定期推出主题特卖。该广场中已有数十个知名品牌，其中包括杰西卡、ONLY、VEROMODA等，是深受广大消费者青睐的折扣广场。

地址：朝阳区朝阳门外大街丰联广场B2层365名品折扣广场
交通：乘地铁2号线在朝阳门站下车
电话：65881901

赛特奥莱
综合性的购物商场

赛特奥莱位于别墅林立的朝阳区香江北路，是集购物、文化、娱乐于一体的超大型、超完备的商业场所。奥特奥莱有着欧美小镇般的建筑风格，各商铺之间相连，商品种类繁多，折扣较低，有着令消费者惊喜的超低折扣。来到这里，人们可以真正体验到"大品牌，小价钱，平价享受高品质奢华生活"的感受。

地址：朝阳区香江北路28号
交通：乘988路公交车在香江北路西口站下车，或乘地铁15号线在马泉营站下车
电话：84357880

10 世贸天阶
"梦开始的地方"

世贸天阶由南北两翼的休闲购物中心和两座写字楼组成，街道中央有一座美轮美奂的天幕凌空而起，是北京一处被人称为"梦开始的地方"的商业场所。世贸天阶中半封闭型的步行街内分布着众多时尚品牌店，如ZARA、New Balance、RIMOWA等。同时，这些店铺不时也会推出一些折扣商品来供顾客选购。

地址： 朝阳区光华路9号
交通： 乘地铁10号线在金台夕照站下车

旅游达人 游｜玩｜攻｜略

世贸天阶中的商品折扣活动比较少，一般只有在法定节假日和换季时才会有那么几家店铺打折，能不能在这里买到物廉价美的商品就要看你的运气了。

其他名品折扣店推荐		
名称	地址	电话
耐克打折店	朝阳区甘露园南里25号尚街购物中心2楼	85592316
斯普瑞斯奥特莱斯	朝阳区金盏乡森林公园东1号	84340006
New Balance	东城区前门大街123号	63026476
猫乐屋折扣店	西城区鼓楼东大街97-7号	64058010
出口服装打折店	海淀区杏坛路北口	62369901
李宁体育用品折扣店	西城区新街口丁字路口南路西	62275608
I.T OUTLETS	朝阳区甘露园南里25号尚街购物中心内	4006501565

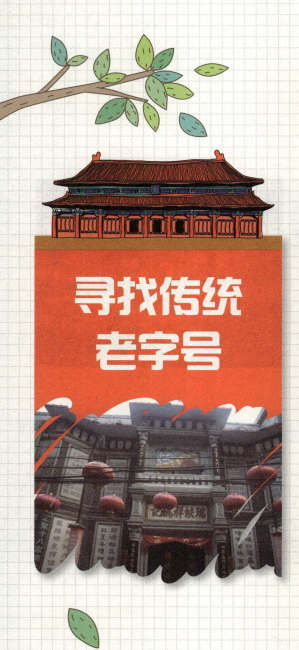

寻找传统老字号

01 瑞蚨祥

闻名海内外的老字号绸布店

始建于1862年
（清·同治元年）

祥蚨瑞
Ruifux
Si

瑞蚨祥位于繁华的王府井大街上，是一家享誉海内外的中华老字号绸布店。瑞蚨祥有着深厚的文化底蕴，主要经营丝绸、呢绒、棉布、皮货、中式服装及制作等，在丝绸业及手工缝制行业有着深远的影响力。

地址： 东城区王府井大街190号
交通： 乘地铁5号线在东单站下车
电话： 65234147

🗨 旅游达人 游|玩|攻|略

旗袍是瑞蚨祥最受欢迎的商品之一，穿在身上整个人都会显得特别有气质。不过，想买旗袍，必须带足money（钱）。

瑞蚨祥其他店铺推荐	
名称	地址
大栅栏店	西城区前门外大栅栏街5号
新燕莎店	海淀区远大路1号金源新燕莎MALL4楼4051号
西四店	西城区西四南大街28号
地安门店	西城区地安门外大街
西单商场店	西城区西单北大街120号西单商场内

02 天福号
酱肘子店

天福号始创于清朝乾隆年间，创始人是清乾隆年间的山东掖县人刘凤翔。这里生产的"酱肘子"以其"肥而不腻、瘦而不柴、皮不回性、浓香醇厚"等特点而享誉海内外，五香小肚、茶肠、哈尔滨红肠等产品也深受广大消费者喜爱。

地址：东城区前门大街19号
交通：乘地铁2号线在前门站下车
电话：63035726

天福号其他店铺推荐	
名称	地址
护国寺店	西城区护国寺大街154号
裕中店	朝阳区裕民路西里2号楼底商
朝内南小街店	东城区朝内南小街18号1楼
西直门外南路店	西城区展览馆路榆树馆15号楼
白石桥店	西城区白石桥路甲54号家乐福内

03 王致和

北京著名的老字号腐乳店

提起"王致和",几乎每个北京人都知道它的名号。王致和以"腐乳"产品为主,其腐乳有着细、腻、松、软、香五大特点。王致和除腐乳外,还有多种复合调味料,其"王致和""金狮""龙门""老虎"四大品牌在海内外都享有盛名。

地址: 海淀区阜石路41号
交通: 乘568路公交车在田村东路南口站下车,向南步行至阜石路高架桥路口,再西步行即到
电话: 68213336

04 月盛斋

清真酱牛羊肉店

月盛斋开业于清乾隆四十年,是北京一家专门经营清真酱牛羊肉的老字号商铺。这里常年担负着北京信仰伊斯兰教的少数民族清真肉食品供应任务,也有将清真酱牛羊肉制品销售给海内外游客的专门店铺,在北京乃至海内外都享有盛名。

月盛斋其他店铺推荐	
名称	地址
牛街店	西城区牛街5号牛街清真超市内
南顶路店	丰台区南顶路6号
东花市店	东城区东花市大街富贵园一区1号楼底商
西花市店	东城区西花市大街清真超市内

05 成文厚

中华老字号文化用品店

成文厚，又称"显记成文厚"，是一家具有几十年历史的中华老字号企业。该公司设有成文厚账簿商店、成文厚卡片商店、成文厚现代办公用品商店等部门，主要经营会计账簿、凭证凭单、文化用品等商品，分为批发、零售两种销售方式，店中商品深受顾客青睐。

地址：西单北大街2号
交通：乘22、46、47路等公交车在西单站下车，或乘地铁1号线在西单站下车
电话：66065398

成文厚其他店铺推荐	
名称	**地址**
成文厚账簿批发部	西城区车公庄北里中路
成文厚账簿办公用品专卖	海淀区海淀北蜂窝8–5号
成文厚账簿商店	西城区西单北大街4号
成文厚账簿办公用品专卖店	朝阳区东三环南路辅路
成文厚账簿	海淀区北土城西路153号
百乐笔成文厚账簿专卖店	东城区东革新里42号永外城文化用品市场东3楼特2号W3–2号

06 谦祥益

"八大祥"之一的绸缎店

谦祥益是北京著名的"八大祥（绸缎店）"之一，也是目前我国经营规模最大、品种最全的丝绸专营店。谦祥益以专营丝绸、丝绸制品为主要特色，商品分为丝绸面料、丝绸服装和丝绸工艺品三大部分，做工精良、种类繁多，深受海内外人士喜爱。

地址：前门大街珠宝市5号
交通：乘坐20、203、59路等公交在前门站下车，或乘地铁2号线在前门站下车
电话：63014732

📝 旅游达人　游│玩│攻│略

　　谦祥益的衣服大部分都是机器生产出来的，价格相对手工定做的便宜一些。假如，你想衣服穿在身上更为舒适、贴身，建议你多掏点钱要求店家给你手工定做一套。

07 元隆顾绣绸缎商行
亚洲最大、品种最全的丝绸店

　　元隆顾绣绸缎商行汇集了全国各地的丝绸面料及丝绸制品，是目前亚洲最大、品种最全的现代化丝绸专营商店。该商店共有四层店面，环境幽雅，一层主要经营抽纱、刺绣制品，二层主要经营地毯、羊绒制品，三层主要经营丝绸、纯麻面料、纯棉面料，四层主要经营用纯丝、麻、棉制成的服装。此外，商店内还设有一个丝绸展览馆。

地址：崇文区天坛路55号
交通：乘坐6、707、743路等公交车在红桥站下车
电话：67012854

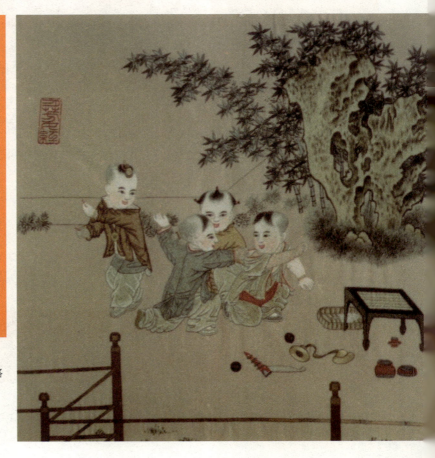

🗨 **旅游达人**　游｜玩｜攻｜略

　　元隆顾绣绸缎商行内丝绸和刺绣商品比较多，很漂亮，质量也好，但价格有点贵。另外，这里来买东西的外国人比较多，所以你很容易就能遇见外国朋友。

亨得利
老字号钟表店

亨得利是一个经营、修理手表的老字号店铺，在海内外久负盛名。亨得利（王府井店）以经营手表为主，店内有劳力士、欧米茄、雷达等世界知名瑞士表，也有梅花、天梭、尼维达中档品牌表，还有劳特莱、华伦天奴、波尔等时尚品牌表，是游客在北京买钟表的首选之地。

地址： 东城区王府井大街137号
交通： 乘10、20、37路等公交车在王府井站下车，或乘地铁1号线在王府井站下车
电话： 65281448

🗨 **旅游达人**　游｜玩｜攻｜略

　　前往亨得利购买钟表时，建议早点去，这样可以避免因顾客过多，服务员忙不过来，而导致你无法完全了解自己喜欢的表的性能。

亨得利其他店铺推荐		
名称	地址	电话
王府井店	东城区王府井大街176号	65238482
牡丹园店	海淀区花园路2号19号楼1楼	62020030
翠微店	海淀区复兴路33号翠微大厦	68167899
北京apm店	东城区王府井大街137号北京apm	65281448
新世界商场店	东城区崇文门外大街3～5号新世界百货综合馆1楼	67080576

09 荣宝斋
笔墨纸砚、字画店

荣宝斋是有着数百年历史的老字号笔墨纸砚、字画店。荣宝斋店面为一座古色古香、雕梁画栋的高大仿古建筑，店内以经营书画用纸、文房用具、代客订购书画篆刻家的商业作品为主，是购买文房四宝、书画作品的人心中的首选之地。

地址： 宣武区琉璃厂西街19号
交通： 乘7、14、15路等公交车在琉璃厂站下车，再往西步行即到
电话： 63035279

💬 旅游达人　游│玩│攻│略

　　百年老店荣宝斋既有实体店，也有展示商品的官网。你想在荣宝斋购买商品时，可以先登录官网查看下商品样式，然后在官网上找到商品所属部门的电话咨询价格，然后前去实体店购买。官网网址：www.rongbaozhai.cn。

10 萃文阁
书法作品、篆刻品店

　　萃文阁以经营图章篆刻为主，是一家以研究和经营书法、字画、篆刻、印章材料为主的老字号专营店。位于古文化气息浓郁的琉璃厂东街上的这家店铺，以书法篆刻而闻名，书法、篆刻人才辈出，其作品在国内外流传甚广，深受国际友人的喜爱。

地址： 西城区琉璃厂东街60号
交通： 乘7、14、15路等公交车在琉璃厂站下车，再往西沿着琉璃厂东街前行即到
电话： 63036054

张一元茶庄
茶叶店

张一元茶庄创办历史悠久，是北京著名的老字号茶庄。茶庄内装修风格古朴，茶香四溢，茶叶品种众多，既有龙井、碧螺春、君山银针等名贵茶叶，又有深受北京人喜欢的各种花茶、紧压茶、红茶等茶叶，是北京深受海内外茶客喜爱的茶庄。

地址：西城区大栅栏商业街大栅栏22号
交通：乘2、20、59路等公交车在大栅栏站下车
电话：67019371

💬 **旅游达人** 游｜玩｜攻｜略

张一元茶庄内专门给顾客准备了喝茶、品茶的桌子和椅子，买茶时你可以当场品尝自己想买的茶。另外，为方便顾客购物，茶庄开通了银行卡支付。

张一元茶庄其他店铺推荐		
名称	地址	电话
和平里店	东城区地坛北里1号楼	64213087
翠微店	海淀区复兴路49–3号	68237567
梨园店	通州区云景东路15号9号楼9–6	81523199

盛锡福
老字号帽子店

盛锡福是北京著名的老字号，以生产用料考究、手工制作、做工精细的帽子而著称。该店门脸很小，共有上下两层店铺。店内第一层左手边是女式帽子区，右手边是男式帽子区；第二层是精品帽子区。

地址： 东城区王府井大街196号
交通： 乘地铁1号线在王府井站下车
电话： 65130620

💬 旅游达人　游｜玩｜攻｜略

　　盛锡福（王府井店）店内适合中老年人戴的帽子比较多，店内的服务员也十分热情，即使是给别人买帽子，他们也能根据你描述的人的样貌给你推荐合适的帽子。不过，店铺比较小，买帽子的人很多，可能比较拥挤。

盛锡福其他店铺推荐		
名称	地址	电话
前门大街店	东城区前门大街35号	63030627
东四北大街店	东城区东四北大街368号	64076488
东四店	东城区东四五条153号	64079400

其他传统老字号他店铺推荐		
名称	地址	电话
戴月轩（毛笔）	宣武区琉璃厂东街73号	63014914
清秘阁（书画）	宣武区琉璃厂西街52号	63017697
同升和（布鞋）	东城区王府井大街225号	65220433
马聚源（帽子）	前门大栅栏街8号	63035955
丽丰祥（绸缎）	西城区西四南大街21号	66181843

特色街市
逛个够

01 琉璃厂

老字号店铺密布的文化街

　　琉璃厂因明朝时朝廷工部在这里烧制官窑琉璃而得名，是北京一条著名的文化街。琉璃厂由琉璃厂东街和琉璃厂西街组成，街道上出售书籍和笔墨纸砚的百年老店密布，同时还有许多出售书画作品、古玩的店铺，是国内外游客感受老北京文化气息的必游之地。

地址： 西城区琉璃厂
跨度： 南至和平门，西至南北柳巷，东至延寿寺街，全长约800米
交通： 乘7、14、15路等公交车在琉璃厂下车，或乘地铁2号线在和平门站下车

旅游达人 游|玩|攻|略

1. 前往琉璃厂购物时，如果你不懂古玩、字画的实际价值，身边的朋友也不懂时，建议不要轻易下手购买，看看就行了，不然花了钱不说，还"淘"不到好东西。不过，文房四宝这些东西你就可以随便挑了，有贵的有便宜的，喜欢什么就挑什么。

2. 琉璃厂古文化街上的店铺多为老字号店铺，推荐去中国书店的旧书店，那里面仔细挑选的话，应该可以"淘"到很多物超所值的好书。

琉璃厂购物场所推荐		
名称	地址	电话
荣宝斋	西城区琉璃厂西街36号	63036090
中国书店	西城区琉璃厂西街57号	63150311
一得阁	西城区琉璃厂东街67号	63032145
萃文阁	西城区琉璃厂东街58—60号	63036054
华夏书画社	西城区和平门琉璃厂西街2号	63011389

02 东四
古今文化结合的特色商业街

东四元代称为十字街，后因明代在十字路口四面各建了一座四柱三楼式木牌楼，故改名为东四牌楼，简称东四。东四一条街内大型商场、小店铺密布，还有包括沙千里故居、叶圣陶故居在内的众多名人故居和包括承恩寺、孚王府在内的多处名胜古迹，是北京古代文化与现代商业并存的特色街区。

地址：东城区东四

跨度：东四南大街、东四北大街、东四西大街、朝阳门内大街交会处及其附近地区

交通：乘104、108、109路等公交车在东四站下车，或乘地铁5号线在东四站下车

东四店铺推荐		
名称	地址	电话
谭木匠	东城区东四南大街95号	65121986
食草堂	东城区东四北大街367号	85186363
蓝礼小屋	东四北大街421号	65251610
炒豆合作社	东城区东四北大街东四九条63号	84010276
起司家	东城区东四北大街257号	15010944703

03 五道口
"越夜越美"的地方

五道口得名于此地是从北京北站出发的京包铁路的第五个道口，地理位置优越，是北京"越夜越美"的地方之一。五道口周围名牌大学林立，书卷气息浓郁，美食店铺、时尚服装服饰、韩国酒吧和大型商场位列其中，是北京极具特色的街道。

地址：海淀区五道口

跨度：清华路与学院路之间

交通：乘307、331、630路等公交车在五道口站下车，或乘地铁13号线在五道口站下车

💬 旅游达人　游|玩|攻|略

　　五道口大街夜晚的景色远比白天要美，建议顾客可以在夜晚有人陪同的情况下前往五道口，享受一边购物一边赏景的乐趣。

五道口店铺推荐		
名称	地址	电话
五道口购物中心	海淀区成府路28号	82386996
宝岛眼镜	海淀区成府路35号华清嘉园7号H号	82613273
美珍香	海淀区成府路28号五道口购物中心5楼12号	62666089
BHG Market Place	海淀区成府路28号华联商厦B1楼	62666205
卜蜂莲花	海淀区中关村东路8号东升大厦B座1–3楼	51588799

04 莱太花街
我国北方大型花卉集散中心

莱太花街由莱太花卉商城、女人街两部分组成，是集花卉及其连带商品的展示、销售、批发等服务于一体的大型花卉集散中心。在这条街道上行走，既可以买到香气四溢、五颜六色的鲜花，又可以逛遍各种时尚衣服专卖店，还可以"淘"到众多特色的工艺品，是游玩北京值得一去的地方。

地址：朝阳区麦子店西路
交通：乘516、659、682路等公交车在莱太花卉站下车

💬 旅游达人　游│玩│攻│略

1. 莱太花街的大部分店铺都是可以刷卡付费的，建议顾客在前往购物时，尽量少带些现金。

2. 在莱太花街买花时，建议在上午前往购买，这时候花店内人比较少，可以静下心来慢慢挑选自己喜欢的花卉。

莱太花街购物场所推荐		
名称	地址	电话
美国大行折叠车莱太专卖店	朝阳区麦子店西街9号莱太花街28号	81977856
海鸿兴商贸	朝阳区麦子店西街9号莱太花街34号	64667175
Lucky Chain Store	朝阳区女人街步行街莱太花街25-26号	84518864
衡源丝毯工艺品店	朝阳区麦子店西街9号莱太花街49号	64673672
曼都仙花店	朝阳区莱太花卉花街3号	64660976
品上行工艺总汇	朝阳区麦子店街莱太花街48号	84542068

05 北京台湾街
我国北方大型花卉集散中心

北京台湾街是近年来迅速发展起来的商业街区，也是以体现台湾特色风情为主题的商业街。该街内建筑设计采用新中式古典风格，汇聚了台湾本土高档餐饮、风味小吃、大型咖啡主题馆和原住民生活馆等，是广受海内外游客欢迎的台湾特色高端商业街。

地址： 石景山区雕塑公园西南侧
交通： 乘308、958路等公交车在鲁谷西站下车；或乘地铁1号线在八宝山站下，从东南出口，向南步行可到

北京台湾街店铺推荐		
名称	地址	电话
沸腾渝家	石景山区石景山路2号台湾街C1区	68647436
台湾街老北京涮肉	石景山区鲁谷路台湾街C1区	68647396
海洋星空电玩城	石景山区石景山路2号北京台湾街B区1号楼	68647295
邓丽君音乐主题餐厅	石景山区鲁谷东街街台湾街内	68600005
宝岛风情街	石景山区鲁谷大街台湾街C1区	68647281

06 樱花东街

以销售实用化、大众化服饰为主的街道

樱花东街几乎是北京所有商业街道中最有特色的，街道中的小店都开在沿街的居民楼下，且每间小店都有自己独特的风格。樱花大街的店铺内以经营各式各样的具有吸引力的服装为主，商品讲究实用化、大众化，既适合来往路人购买，也适合长期居住在这里的居民购买，生意异常红火。

地址： 朝阳区和平西街北口樱花东街
交通： 乘62、119、379路等公交车在和平东桥北站下车

樱花东街店铺推荐		
名称	地址	电话
红英	朝阳区樱花东街13号	64442022
眉州东坡酒楼	朝阳区樱花东街甲4号	64208188
娇兰佳人	朝阳区樱花东街8号楼1楼	64296778
新花之驿	朝阳区樱花东街	64430350

07 鼓楼东大街

热闹非凡的电游商业街

鼓楼东大街是北京一条历史风貌保存完整的商业街，街道上因有着众多电子游戏店和动漫店而闻名。该大街在20世纪连接电视的游戏机在国内开始流行时，街内的游戏小店就已经开始悄然出现，如今这里已经是北京最为热闹的电游商业街。

地址： 东城区鼓楼东大街
跨度： 西起鼓楼，东至交道口
交通： 乘107、124、635路等公交车在鼓楼站下车

鼓楼东大街店铺推荐		
名称	地址	电话
Blinking	东城区鼓楼东大街40号	64030490
新蜂电玩	东城区鼓楼东大街271号	84039110
网梦堂电玩	东城区鼓楼东大街132-1号	84050020
酷玩e代游戏店	西城区鼓楼东大街213号	84040858

安贞购物一条街
引领时尚潮流的商业街

安贞购物一条街位于北三环安贞桥附近，地理位置优越，是北京一条新兴起的商业街。安贞购物一条街引领着时尚潮流，社会上流行什么商品，这条街上就会出现什么，它似乎在紧紧拿捏着时代服饰的脉搏。

地址： 朝阳区安贞里
跨度： 安贞桥胜古南里、胜古东里
交通： 乘运通104、117、718路等公交车在安贞桥下车

💬 旅游达人 游|玩|攻|略

安贞购物一条街以经营时尚商品为主，建议在北京游玩的年轻人一定要来这条街上看看，认真挑选之后，你肯定能找到自己喜爱的商品。

安贞购物一条街店铺推荐		
名称	地址	电话
达衣岩	朝阳区北三环东路	64442045
BHG Market Place	东城区北三环东路36号环球贸易中心F座1楼	59575234-8000
克丽缇	朝阳区北三环安贞桥附近	84281086

09 新街口特色小店街
历史极为悠久的商业街

新街口特色小店街是一条有着数百年历史的古老街道，也是北京一条汇聚了古老文化与现代时尚的商业街。街道马路两边小店林立，外部建筑风格虽处处散发着低调、内敛的气息，但店中的服装、服饰却引领着时代的潮流，是时尚青年购物的理想之地。

地址： 西城区新街口
跨度： 北起积水潭，南到新街口、护国寺
交通： 乘地铁2号线在积水潭站下车

新街口特色小店街店铺推荐		
名称	地址	电话
新蛋白主义	西城区北大街1号新华百货物美卖场地下1层	51264886
澳西奴	西城区新街口南大街55号	66187224
太阳音像	西城区新街口北大街78号	66185049
老茧手工制品	西城区新街口北大街38号	66130186
食草堂	西城区新街口南大街88号	66112648
虞美人	西城区新街口北大街丙84号	66137632

烟袋斜街
特色店铺聚集的商业街

烟袋斜街原名"鼓楼斜街"，因清末时居住在北城的旗人嗜好抽旱烟或水烟，这里的商家抓住商机开起了烟袋铺，才有了"烟袋斜街"之名。如今，该街道上除了原有的烟袋铺外，酒吧、服饰店、古玩店等特色店铺也如同"雨后春笋般"纷纷冒头，形成了一条极具特色的商业街。

地址： 西城区烟袋斜街

跨度： 东起鼓楼前大街路西，西与鸦儿胡同东口相对，走向自东偏向西北

交通： 乘60、107、124路等公交车在地安门外大街站下车，或乘地铁2号线在鼓楼大街站下车

🗨 旅游达人　游｜玩｜攻｜略

烟袋斜街上有很多适合年轻人购买的独具特色的小商品，不过价钱都比较贵，去的时候要带足钱，然后慢慢逛、慢慢挑。

烟袋斜街店铺推荐		
名称	地址	电话
金一堂	西城区烟袋斜街35号	64078285
兴穆手工店	西城区烟袋斜街2号	84021831
SQY—T	西城区烟袋斜街7号	84040148
丰年陶坊	西城区烟袋斜街65号	84021140
梵谷伽蓝手工坊	西城区地安门北大街烟袋斜街40号	84026625

11 秀水街
有着世界影响力的购物街道

秀水街地理位置优越，交通便捷，是我国最具世界影响力的国际旅游购物市场之一。秀水街以"国际品质，实在价格"为核心服务理念，出售包括精品服装、丝绸、珍珠在内的众多最具民族特色的商品和包括全聚德烤鸭在内的特色美食，是深受世界各地消费者欢迎的"中国第一涉外市场"。

地址： 朝阳区秀水街
跨度： 朝阳区建国门外大街，东至东长安街路北贵友大厦西边
交通： 乘1、9、43路等公交车在永安里路口西站下车，或乘地铁1号线在永安里站下车

秀水街购物场所推荐		
名称	地址	电话
秀水街市场	朝阳区秀水东街8号	51699003
帕帝尔餐厅	朝阳区秀水东街8号秀水街6楼	51699108
北京烤鸭	朝阳区建国门外大街8号秀水街6-7楼	51699057
川佰嘉麻辣香锅	朝阳区秀水东街8号秀水街B2楼	51699135

三里屯village

后海夜景

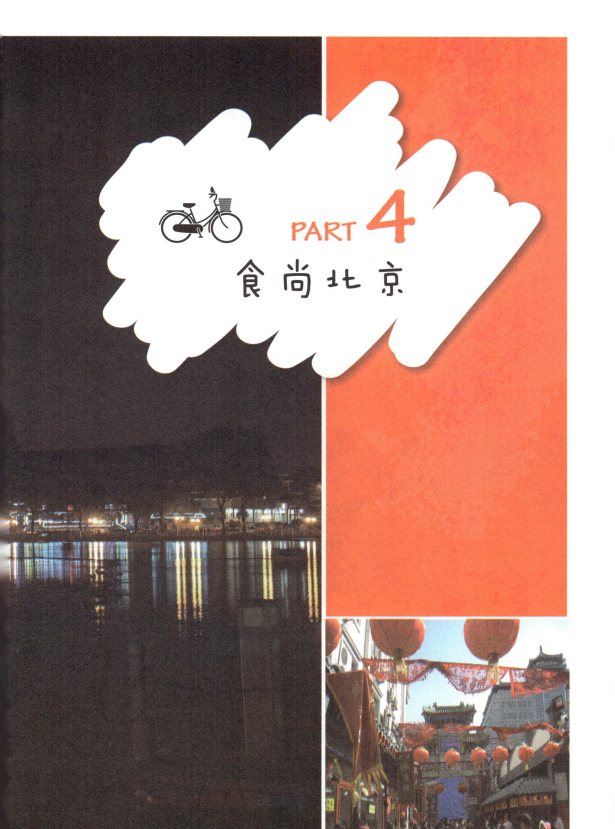

PART 4
食尚北京

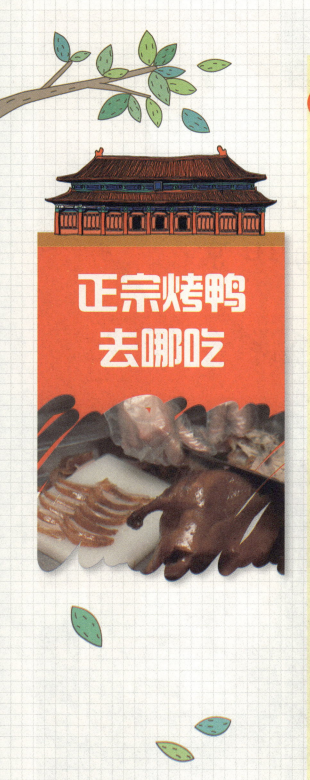

正宗烤鸭去哪吃

01 便宜坊

以经营"焖炉烤鸭"而闻名的烤鸭店

便宜坊烤鸭店是北京著名的"中华老字号"烤鸭店之一，以经营"焖炉烤鸭"而闻名北京城。便宜坊烤鸭的特点是皮酥肉嫩、口感鲜美，又因鸭子在烤制过程中不见明火，保证了鸭子表面无任何杂质，而被称为"绿色烤鸭"。

便宜坊烤鸭店推荐		
名称	地址	电话
朝阳大悦城店	朝阳区朝阳北路101号朝阳大悦城7楼08号	85914058
工体北路店	朝阳区新东路工体北路13号世茂百货	84059699
金泉美食宫店	朝阳区北苑路大屯北路312号金泉美食宫3楼	84855865
五彩城店	海淀区清河中街68号华润五彩城购物中心4楼	82816889
安华店	海淀区北三环中路6–6号	82081019
新世界店	东城区崇文门外大街3–5号新世界百货青春馆3楼	67088680
哈德门店	东城区崇文门外大街18号国瑞城4楼	67112244
鲜鱼口店	东城区前门大街东侧鲜鱼口老字号餐饮一条街	67132536
富丰路店	丰台区丰台镇富丰路2号星火科技大厦2楼	63771988

02 大鸭梨

适合家人、朋友聚餐的烤鸭店

大鸭梨烤鸭店分店众多，就餐环境舒适、温馨，充满着"家"的回忆。大鸭梨烤鸭采用传统挂炉烤鸭工艺，其烤鸭色泽通红透亮，口感丰富，油而不腻，价格亲民，是家庭聚会、朋友聚餐品尝正宗北京烤鸭的不二之选。

大鸭梨烤鸭店推荐		
名称	地址	电话
劲松店	朝阳区南磨房路34号楼天客隆大厦	67347158
红庙店	朝阳区金台里甲15号万惠商场3楼	85996969
亚运村店	朝阳区大屯路甲2号	64861646
北七家店	昌平区北七家镇立汤路奥北宝迪底商58号	69756577
回龙观店	昌平区育知东路回龙观龙腾苑六区10号楼	81732276
花园村店	海淀区车公庄西路18号	68473054
上地店	海淀区上地农大南路树村东北口	62973182
航天桥店	海淀区阜成路北三街81号	68988117
通朝大街店	通州区通朝大街233号	81568166

03 全聚德
名声最为响亮的烤鸭店

全聚德烤鸭店是中华著名的老字号店铺。说到北京烤鸭，人们通常第一个想到的便是它。全聚德烤鸭色泽鲜艳、色呈枣红、鸭皮香脆、肉质鲜嫩、肥而不腻、香气四溢，是正宗北京烤鸭的金字招牌。

全聚德烤鸭店推荐		
名称	地址	电话
前门店	东城区前门大街30号	65112418
王府井店	东城区王府井大街帅府园胡同9号	65253310
望京店	朝阳区广顺北大街33号福码大厦B座2楼	64736466
奥运村店	朝阳区大屯路慧忠北里309号楼天创世缘A座1-3楼	64801685
朝阳北路店	朝阳区青年路雅成一里19号楼世丰国际大厦2楼	85528880
双榆树店	海淀区北三环西路32号恒润国际大厦1楼	62199990
清华园店	海淀区中关村东路1号院清华科技园科技大厦A座1楼	82150018
和平门店	西城区前门西大街14号楼	83193101
什刹海店	西城区地安门西大街57号荷花市场内	66171570

金百万烤鸭店

以"传统挂炉法"制作烤鸭的店铺

金百万烤鸭店从关心百姓的饮食健康角度出发，以"赢万家满意"为经营理念。金百万烤鸭使用传统挂炉法烤制，烤鸭肉质鲜美、外焦里嫩、摆盘讲究、品相很好，用餐环境干净整洁，服务也极为周到。

金百万烤鸭店推荐		
名称	地址	电话
马甸店	朝阳区马甸裕民路3号	62380012
望京花园店	朝阳区望京花园小区214号	84710634
西直门店	西城区文慧园北路9号	62257676
牡丹园店	海淀区牡丹园甲2号院同观商业楼1楼	62066672
万柳店	海淀区万泉河路小南庄400号龙都宾馆院内	62527588
顺义店	顺义区府前西街10号	51160000
鲁谷店	石景山区严正街16-2号国广公寓	68894188
丰管路店	丰台区丰管路西国贸商城3楼	52217120
马家堡店	丰台区马家堡西路15号时代风帆大厦北侧商用楼4楼	67526002

鸭王烤鸭店

以"传统挂炉法"制作烤鸭的店铺

鸭王烤鸭在采用百年传统挂炉烤鸭技术的基础上，聘请新一代烤鸭技师通过多方面实验后，精心研制而成了现在独具特色的新派烤鸭。鸭王烤鸭做工独特，外酥里嫩、入口即化，用餐环境舒适，古色古香，有着传统饮食文化的风格布局，是烤鸭中的极品。

鸭王烤鸭店推荐		
名称	地址	电话
新大都店	西城区车公庄路21号	68338693
三里河店	西城区三里河东路5号中商大厦B1楼	68581717
紫云阁店	海淀区海淀南路28号	62536869
万柳店	海淀区万柳华府北街2号	82566338
小屯店	丰台区小屯路89号航天标准大厦院内	88108388
西客站南路店	丰台区西客站南路80号院宝林轩酒店2楼	63465188
建国门店	朝阳区建国门外大街24号	65156908
民族园店	朝阳区民族园路1号	62049932
甜水园店	朝阳区甜水园街6号出入境检验检疫局大楼东侧	58619666

北京大董烤鸭店
深受海内外游客喜爱的烤鸭店

北京大董烤鸭店因其总经理被朋友称为"大董"而得名，是海内外游客品尝北京烤鸭的主要去处之一。大董在烹饪工艺上从健康的角度为食客考虑，选用的方粒白糖甜度较低，鸭皮口感"酥而不腻"，没有油汁丰腴的感觉。

大董烤鸭店推荐		
名称	地址	电话
团结湖店	朝阳区东三环长虹桥东南(兆龙饭店东门对面)	65824003
东四十条店	东城区东四十条甲22号南新仓商务大厦1-2楼	51690329
金宝汇店	东城区金宝街88号金宝汇购物中心5楼	85221234
王府井店	东城区王府井大街301号京新旅大厦6楼	65288802

九花山烤鸭店
以"九花山"命名的烤鸭店

九花山烤鸭店因店铺原在"九花山"而得名，后搬至紫玉饭店，依然沿用其名。烤鸭店内烤鸭每天限量200只，且不出售外卖烤鸭。烤鸭鸭皮呈金黄色透明状、焦脆喷香，鸭肉鲜嫩、不油不腻。另外，该店中的盐水鸭肝、鸭肉韭菜饺子也是值得品尝的菜肴。

位置： 海淀区增光路55号紫玉饭店1-2楼
电话： 68414518

北京其他烤鸭店推荐		
名称	地址	电话
羲和小馆	西城区金城坊街3-2号	66216061
羲和雅苑烤鸭坊	海淀区中关村大街15-3号	51722256
老宅院	东城区美术馆后街亮果厂胡同14号	64061843
盛百味	昌平区回龙观东大街5号	60786078

美味汇聚的
小吃街

01 王府井小吃街

汇集了南北各地风味的小吃街

王府井小吃街入口处有一座精美的仿古牌楼，街内分为四个区域，建筑均为明清建筑风格。该小吃街汇聚了北京及全国各地的众多名优风味小吃，设施齐全、全天经营，是足不出城即可品尝南北各地风味美食的街道。

地址： 东城区王府井好友世界商场南侧
交通： 乘地铁1号线在王府井站下，或乘地铁5号线在东单站下

王府井小吃街特色餐馆推荐		
名称	地址	推荐菜肴
祖传李二爆肚	东城区王府井小吃街	爆肚
天桥茶汤李	东城区王府井小吃街	藕粉、杏仁露、油茶
老北京炸酱面老店	东城区王府井大街277号	炸酱面
天桥茶汤李	王府井小吃街	茶汤、油茶

02 九门小吃
以提供北京老字号小吃为主的小吃街

九门小吃位于北京著名的风景区什刹海北沿，是将店铺藏于老式四合院中的小吃街。小吃街内囊括了北京传统的十多家老字号小吃店，其中包括小肠陈、褡裢火烧、爆肚冯等店铺。在这里你能尝遍北京老字号小吃，还能轻易感受北京特色小吃一家挨着一家，摊位挨着摊位，叫卖声嘈杂的市井风光。

地址：西城区德内大街孝友胡同1号
交通：乘380、800、909路等公交车在德胜门站下车；或乘地铁2号线在积水潭站下车，B口出
特色小吃店推荐：小肠陈、褡裢火烧、爆肚冯、奶酪魏、茶汤李、月盛斋、馅饼周、德顺斋、年糕钱、羊头马、豆腐脑白、恩元居

💬 **旅游达人 游|玩|攻|略**

九门小吃里的各家小吃一家挨着一家的，建议食客在这里品尝美食时，不要在一家店铺吃得太饱，不然你很可能因为肚子实在装不下了，而没法将所有美食品尝完。

03 护国寺小吃街
汇集了众多京味小吃的街道

护国寺小吃街位于因护国寺而得名的护国寺街西侧，是一条汇集了各种京味小吃的美食街。走在这条街道上，可以一边感受街道两旁古色古香的建筑中散发出来的老北京气息，一边品尝特色京味小吃。

地址： 西城区护国寺大街
交通： 乘地铁4号线在达平安里站下

护国寺小吃街特色餐馆推荐		
名称	地址	推荐美食
护国寺小吃店	西城区护国寺街68号	奶油炸糕、面茶
满广记老北京爆肚	西城区护国寺街护国寺街甲64号	肚仁、爆白菜
聚德华天合义斋小吃店	西城区护国寺街67号	羊杂汤、炒肝
宝光熏肉鞋底火烧	西城区护国寺小吃街65号	熏肥肠鞋底火烧、熏肉鞋底火烧
小螺号柳州螺蛳粉	西城区护国寺街55号	螺蛳粉、炸腐竹
王胖子驴肉火烧	西城区护国寺街113号	驴肉火烧、驴杂汤

吃货云集的
美食街

01 簋街美食街

北京美食集中地

簋街美食街东起二环路东直门立交桥西端，西至交道口东大街东段，又称北京餐饮一条街，是京城美食的集中地。簋街餐厅密布，入夜时分，整条街红灯笼高挂，灯火通明，人头攒动，香气四溢。簋街以卤煮火烧、麻辣小龙虾、馋嘴蛙等为主打美食。

地址： 东城区东直门内大街
交通： 乘106、107路等公交在东直门内站下车，或乘地铁2、13号线在东直门站下车

🗨 旅游达人　游|玩|攻|略

在簋街品尝美食时，建议晚上去，晚上不仅能品尝到比白天更多的美食，还能体会到夜景下品尝美食的独特意境。

簋街美食街特色餐馆推荐		
名称	地址	推荐美食
东兴楼饭庄	东城区东直门内大街5号	干炸丸子、葱烧海参
万州烤鱼	东城区东直门内大街282号	烤鱼
于翅烤翅	东城区东直门大街154号	骨肉相连、奥尔良烤翅
聚点串吧	东城区东直门内大街5-3号	烤串、鸡脆骨
晓林火锅簋街老店	东城区东直门内大街246号	乌鸡滋补锅底

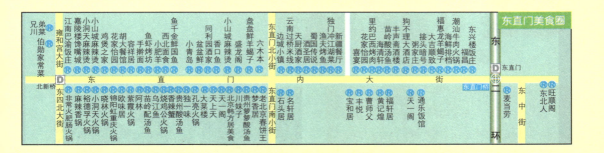

02 前门大街美食街
老字号美食店铺密布的美食街

前门大街美食街位于北京中轴线上，北起前门月亮湾，南到天桥路口，是北京老字号汇集的一条美食街。走在前门大街上，步入古色古香的老字号店铺中，品尝一番老北京的特色美食，不失为一种美好的享受。

地址：东城区前门大街
交通：乘地铁2号线在前门站下

前门大街美食街特色餐馆推荐		
名称	地址	推荐美食
壹条龙饭庄	东城区前门东大街2号	羊肉串、手切羊肉
都一处烧卖馆	东城区前门大街38号	素馅烧卖、猪肉大葱烧卖
月盛斋酱肉店	东城区前门大街1号	五香酱牛肉、烧羊肉
东来顺饭庄	东城区前门大街143号2楼	羊上脑、火锅
爆肚冯	西城区前门大街门框胡同廊坊二条56号	爆肚

 # 什刹海美食街

景致独具、风味汇聚的美食街

什刹海美食街位于前海、后海、西海边上，是北京最有自然风情的美食街之一。什刹海美食街上的餐馆多分布于湖边，就餐环境清幽、舒适，菜肴以杭州菜、绍兴菜、川菜等为主。

地址： 西城区什刹海
交通： 乘地铁2号线在鼓楼大街站下

💬 旅游达人　游｜玩｜攻｜略

在什刹海美食街品尝美食时，建议食客尽量找一些风景好的餐馆，这样既能享用美食，又能观看周边的美景。

什刹海美食街特色餐馆推荐		
名称	地址	推荐美食
烤肉季	西城区什刹海前海东沿14号	芝麻火烧、芫爆散丹
庆云楼	西城区什刹海前海东沿22号	青木瓜沙拉、香茅牛肉
岳麓山屋	西城区什刹海前海西沿甲19号10～11室	手撕小鳖、擂茄子
院落	西城区地安门西大街119号	素颜烤鱼、蜜汁鸡翅

苏州街美食街
文化气息浓郁的美食街

苏州街美食街位于苏州街北段，是北京最注重文化品位的美食街之一。苏州美食街上有着众多时尚、精致却又不失文化底蕴的餐厅，菜肴以川菜、赣菜、黔菜为主，菜品丰富。

地址： 海淀区苏州街

交通： 乘特26、361路等公交车在万泉庄站下车，或乘地铁10号线到苏州街下

苏州街美食街特色餐馆推荐		
名称	**地址**	**推荐美食**
蜀味浓	海淀区苏州街9号	毛血旺
美炉村	海淀区苏州街29号	铁板蒜香鱼
西香记	海淀区苏州街33号	臊子面
赛百味	海淀区苏州街18号	培根三明治
白家大院	海淀区苏州街15号乐家花园内	豌豆黄
味多美	海淀区苏州街52号(近紫金大厦)	老婆饼、蛋挞

朝阳公园美食街
文化气息浓郁的美食街

朝阳公园美食街位于风景优美的朝阳公园旁边，是一条充满异域风情的美食街。在朝阳公园美食街，你不仅能品尝到味道正宗的中华美食，还能品尝到国外的特色糕点、小吃。

地址： 朝阳区朝阳公园

交通： 乘419、621、677路等公交车在朝阳公园西门站下车

朝阳公园美食街特色餐馆推荐		
名称	地址	推荐美食
粟库泰泰式文化餐厅	朝阳区朝阳公园路1-16号	冬阴功汤
日昌餐馆	朝阳区朝阳公园南路1-5号	纸包鸡翅
福满金烤肉坊	朝阳区朝阳公园南路1号	石锅拌饭
乐伯香瓮烤肉	朝阳区霄云路27号	烤羊肉
安妮意大利餐厅	朝阳区朝阳公园老西门南侧	奶油蘑菇汤
俺爹俺娘肉丁大包粥店	朝阳区朝阳公园南路1-10号	黄酱肉丁包

06 三里屯美食街
中外美食云集的美食街

　　三里屯美食街位于朝阳区东部，是北京夜生活最"繁华"的美食街之一。三里屯美食街周边外国大使馆林立，聚集了中国各地特色美食与国外特色美食，是吃货们的最佳饮食去处之一。

地址： 朝阳区三里屯街
交通： 乘302、402、405路等公交车在亮马桥站下车，或乘地铁10号线在亮马桥站下车

三里屯美食街特色餐馆推荐		
名称	地址	推荐美食
金谷仓	朝阳区三里屯北街1号	担担面
欣叶	朝阳区工体西路6号	煎猪肝
鱼邦	朝阳区三里屯路42号	鱼和薯条
莫卧尔印度餐厅	朝阳区三里屯北街81号那里花园4楼	烤馕、奶油鸡肉

07 方庄美食街
中西餐馆聚集的美食街

　　方庄美食街是北京成立较早的新型食街，也是北京餐馆生命力最强的街道之一。该街道上汇聚了全国众多特色风味小吃店及众多西餐厅，菜系也特别全，是在北京品尝美食的最佳去处之一。

地址： 丰台区方庄

交通： 乘650路公交在方庄桥北站下，乘12路公交在方庄南站下，或乘地铁9号线在丰台东大街站下车

方庄美食街特色餐馆推荐		
名称	地址	推荐美食
金鼎轩	丰台区方庄蒲芳路16号	豉汁凤爪
大清花	丰台区方庄蒲芳路1号	五彩大拉皮
汉拿山	丰台区方庄方庄蒲芳路30号芳群园1号	石锅拌饭
大碗居	丰台区芳星路芳星园二区19号楼1号	大碗居烩菜
江边城外烤全鱼	丰台区芳古路芳群园二区12-1号	豆豉清江鱼
麻辣精灵	丰台区蒲黄榆地铁站C口	黄豆焖猪手

阜成路美食街
知名餐饮企业密布的美食街

阜成路美食街位于北京繁华的海淀区，东起西三环航天桥，西至西四环桥。该街云集了杭州菜、淮扬菜、湘菜等各地风味的知名餐饮企业，每家餐饮企业的装修风格各异、内部装饰豪华气派，既有中式传统的古朴，也有西式时尚的典雅，是北京城著名的高档餐饮区。

地址：海淀区阜成路

交通：乘92、368路等公交在西钓鱼台站下，或乘地铁10号线在西钓鱼台站下车

阜成路美食街特色餐馆推荐		
名称	地址	推荐美食
天下一家	海淀区阜成路18号华融大厦2楼(航天桥)	香酥鸭
湘鄂情	海淀区阜成路定慧寺甲2号	毛家红烧肉
沸腾夜话	海淀区阜成路北三街工商大学旁	虾滑
金悦海鲜	海淀区阜成路46号	鱼翅
尚空间俄式厨房	海淀区阜成路北三街15号6户	菠萝海鲜炒饭
谷美靓汤	海淀区阜成路58号新洲商务大厦1楼	砂锅土豆煎鳕鱼

去名人餐厅当"粉丝"

01 郭家菜

当家明星：郭德纲

郭家菜共分为上下两层：下层是中餐厅，每个包间均以相声段子命名；上层为德云社相声剧场。菜馆内的菜肴以天津私房菜和鲁菜为主，很多招牌菜肴都是经过郭德纲精心挑选并亲自命名的，其中最有特色的是著名的师娘打卤面。

地址：朝阳区工体东路4号

交通：乘113、115、406路等公交车在三里屯站下，或乘地铁10号线在团结湖站下车

电话：65928816

推荐菜肴：郭家摔丸子、师傅炸酱面、梨山酱排骨等

02 蜜桃餐厅
当家明星：高圆圆

蜜桃餐厅，光听名字就让人有种甜蜜、温馨的感觉。餐厅内的特色菜肴和餐厅布局都是由高圆圆亲手设计的。在这间餐厅里就餐，简单的装饰、艺术感极强的壁画会让你有一种远离城市喧嚣，置身于一片宁静山林的感觉。

地址： 朝阳区东大桥路8号

交通： 乘28、350、433路等公交车在东大桥路口东站下车，或乘地铁1号线在永安里站下车

电话： 59003106

推荐菜肴： 菠萝饭、桂花山药、干锅牛蹄筋等

💬 旅游达人　游｜玩｜攻｜略

蜜桃餐厅内的环境很好，菜肴的味道也很特别，价格也不是十分吓人，可以说是一家能让食客感到物有所值的餐厅。

03 甲21号招待所
当家明星：高明骏

甲21号招待所这个奇特的店名，源于它的门牌号是21号。该餐厅宽敞透亮，干净整洁，据说食客在踏入餐厅的一瞬间，体内那颗躁动不安的心就能立刻平静下来。餐馆以经营黔菜为主，口味适中，肉质酥软的馋嘴骨是食客必尝的菜肴。

地址： 朝阳区北土城东路甲21号

交通： 乘409、515路公交车在北土城东路站下车，或乘地铁5、10号线在惠新西街南口站下车

电话： 64895066

推荐菜肴： 馋嘴骨、米豆腐、酸辣生虾等

04 梅府家宴

当家明星：杜家毅

梅府家宴位于环境优美、曲径通幽的胡同里，古色古香的餐馆中散发着浓郁的古朴气息，能让来到这里的游客有一种回到乡村院落的舒适感觉。该餐馆中的菜肴都是梅兰芳的家传菜，口感醇厚。其中，最受食客追捧的莫过于色、香、味俱全且营养丰富的"鸳鸯鸡粥"。

地址： 西城区大翔凤胡同24号

交通： 乘635路公交车在鼓楼站下车

电话： 66126845

推荐菜肴： 核桃酪、青瓜卷、脆皮乳鸽等

05 COSY咖啡馆

当家明星：李东田

COSY咖啡馆，这间用外语命名的咖啡馆里面的布置从墙壁上的壁纸，到沙发的颜色，再到沙发的靠垫，都是李东田一手操办的。咖啡馆是纯英式的装修风格，这在北京是极为少见的，因此这里不仅成了众多明星的聚集地，而且也是众多电视、电影的取景地。

地址： 朝阳区芳园南里9号院7号楼丽都水岸会所1楼

交通： 乘516路公交车在芳园南里站下车

电话： 84578536

推荐菜肴： 牛肉炒饭、奶油蘑菇饭等

06 梅花饺子馆

当家明星：韩庚

梅花饺子馆的成立，源于韩庚经常在韩国的一家"梅花"饭馆吃饭以及韩庚喜欢吃母亲包的饺子。在梅花饺子馆吃饺子时，东北大饺子在口中散发出的阵阵香味，能使食客的胃得到最大程度的满足，还能从中感受到饺子中蕴含的思乡之情和浓浓的母爱。

地址：西城区缸瓦市丰盛胡同

交通：坐102、105、109路等公交车在缸瓦市站下车

推荐菜肴：饺子、锅包肉、东北大拉皮等

07 孙家闺秀酒楼

当家明星：孙悦

孙家闺秀酒楼又称"平安天悦饺子馆"，是孙悦送给她哥哥的礼物。该酒楼是一家颇有特色的餐厅，主打孙家闺秀菜和饺子。餐厅门脸上方悬挂着孙悦笑容可掬的巨幅照片，餐厅内装修简洁舒适，采用中式古朴风格装修，中间摆放着雕刻着"平安"的红木椅子，处处透露着别具一格的风韵。

地址：昌平区天通苑西一区37号楼1门

交通：乘快速公交3号线在天通苑太平庄站下车，或乘地铁15号线在天通苑南站下车

推荐菜肴：饺子、锅包肉、小鸡炖蘑菇、驴肉等

💬 **旅游达人** 游｜玩｜攻｜略

在孙家闺秀酒楼品尝美食时，除必尝的菜肴饺子外，用驴肉烧制的菜肴也非常值得一尝。

08 梁家菜
当家明星：梁天

梁家菜四周被酒吧环绕，主打菜为梁天和母亲谌容及朋友一起独创的梁家菜。餐厅一层以影视为主题，墙上挂有28位中国著名影视人物的相片，还有以《我爱我家》为主题、喜剧明星为主题的各色包间；二层以时代为主题，墙上挂有反映我国不同发展时期的海报和照片，还设有怀旧主题包间和好莱坞经典主题包间。

地址： 朝阳区高碑店乡西店1118号盛世龙源酒吧苑21号
交通： 乘312、628路等公交车在陈家林站或四惠枢纽站下车，乘地铁1号线在四惠东站下车
推荐菜肴： 梁家小炒肉、清蒸鲈鱼、酱爆三丁、黄豆炒猪皮等

09 茶马古道
当家明星：方立均

茶马古道内充满了艺术气息，透露着时尚、简约的独特风情。餐厅主打菜系为云南菜，菜品稍稍做了一番改良，味道很好。同时，这里还是一间酒吧，里面有着众多特色美酒。

地址： 朝阳区工人体育场北桥58栋1楼

交通： 乘110、117路等公交车在工人体育场站下车

推荐菜肴： 西双版纳竹筒饭、玉溪小锅米线、腾冲大救驾等

旅游达人 **游｜玩｜攻｜略**

在茶马古道品尝完美食后，找一个角落，端一杯美酒，静静地品尝，也是一种十分惬意的享受。

10 饭前饭后

当家明星：姜育恒

饭前饭后位于古色古香的南新仓街道上，是一家历史悠久的台湾餐厅。该餐厅内部装修既儒雅又现代，主打菜为台湾风味菜，菜式丰富有创意，口味纯正。此外，餐厅中还供应姜育恒、黄安等名人授权的名人家传特色私房菜。

地址： 东城区东四十条22号南新仓文化休闲街内

交通： 乘坐113、115、118路等公交东四十条桥西站下车，或乘地铁2号线在东四站下车

电话： 64096978

推荐菜肴： 小炒山黑猪肉、大拌菜、台湾香肠、奇果鲑鱼、鸡卷红槽肉等

饭前饭后其他餐厅推荐		
名称	地址	电话
凤凰汇店	朝阳区曙光西里甲5号院24号楼北京凤凰汇3楼L314－L316号铺	56383091
豆各庄店	朝阳区豆各庄乡西马各庄东村文化艺术基地A1－1号	85309856
蓝色港湾店	朝阳区朝阳公园路6号蓝色港湾国际商区1号楼	59056988

 三个贵州人
当家明星：三个贵州艺术家

三个贵州人是三个贵州艺术家合伙开的一家风格餐厅，深受娱乐圈内人士喜爱。餐厅内部装修简约、别致，充斥着浓郁的自然艺术气息。餐厅中的主打菜为以酸辣为主的贵州菜，其做菜所用原料大都是从贵州运来，味道极为正宗，是食客绝对值得一去的餐馆之一。

地址：朝阳区朝阳公园路6号蓝色港湾国际商区内
交通：乘地铁10号线在亮马桥站下
电话：59056855
推荐菜肴：酸汤鱼、蕨根粉、厥巴炒腊肉、酸菜炒汤圆等

其他名人餐厅推荐			
名称	当家明星	地址	电话
北京一夜	高明骏	朝阳区建国门外大街3号京伦饭店B1楼	65079778
蜀地传说	任泉	东城区北极阁头条	65223131
为人民服务	高明骏	朝阳区三里屯西五街1号	84544580
庆云楼	窦唯	西城区前海东沿22号	64019581
柠檬叶子泰式概念火锅	吴奇隆	朝阳区霄云路15号	64625505
丹阳食府	李丹阳	朝阳区慧忠路19号	64931099
香港山顶茶餐厅	吴孟达	海淀区万柳阳春光华家园甲1号会所	82573290

私家菜肴 "醉" 私密

01 二十八号 私家菜

家的感觉

　　二十八号私家菜藏在雍和宫旁的一条小胡同深处，主要经营粤菜和川菜。菜馆大门是一扇很小的老式木门，推门而入，一座大型的四合院随之呈现。院中环境古朴、雅致，天气好的时候，食客可以坐在庭院内就餐，享受一种回家的感觉。

地址： 东城区雍和宫大街戏楼胡同1号南侧

交通： 乘13、116、117路等公交车在雍和宫站下车，或乘地铁2、5号线在雍和宫站下车

电话： 84016788

推荐菜肴： 腊排骨火锅、干锅啤酒鲶鱼、桂林黄焖鸡干锅等

中国普洱茶会所
以茶交友

也许你会惊讶，不管是从名字还是从环境上看，这里都找不到与餐馆相关的痕迹。对大多数人来说，这是一个以茶交友的地方；对于少数人来说，这是他们最钟爱的私密厨房。在淡淡的茶香中品尝着特色菜肴，身边各色普洱茶展示、红酒窖、品香室，怎么一个奢侈了得。

地址：西城区月坛南街85号A座5层
交通：乘21、32、68路等公交车在西城三里河站下车
电话：68515986

44号私家厨房
藤萝满布

44号私家厨房深藏于细管胡同中，推开古色古香的木门可以见到里面爬满藤萝的小四合院，餐馆内有大幅的绣品和老式的木桌。该餐馆以经营黔菜为主，但口味中还参杂着一些西餐元素，极其独特。在这里用餐后，你可以坐在餐厅内静静地品茶读书，也可以捧一杯咖啡，上会儿网。

地址：东城区东四北大街西侧细管胡同44号
交通：乘13、116、106路等公交车在东四十二条站下车，或乘地铁5号线在北新桥站下车
电话：64001280
推荐菜肴：苗家秘制酸汤鱼、私家辣旋风虾、私家清汤牛肉等

国肴小居
小巧别致

国肴小居，店如其名，红墙、木门、五六张木桌，规模确实非常小。小居虽小，但里面古色古香的装饰、种类众多的特色小吃、温馨的服务，都能让你打心底喜欢上这里。邀三五个好友，点一壶清酒，在此叙旧聊天，不失为一种享受。

地址：东城区交道口北三条58号
交通：乘104、124、108路等公交车在方家胡同站下车，或乘地铁2号线在安定门站下车
电话：64031940
推荐菜肴：浓汤鱼肚、含羞沙拉、罐焖牛腩等

后海16号
古色古香

后海16号坐落于翠竹掩映的四合院落中，是一家高级私人会所。推开古色古香的大门，迎面便是一个金色的大"福"字，屋内有木窗、木桌、木椅，墙壁上刻着古文，给人一种穿越到古代的感受。餐馆以经营独家秘制的官府菜、私家菜为主，菜式烹饪讲究，色、香、味俱全，不可不尝。

地址：西城区后海大金丝胡同4号
交通：乘5、60路等公交车在地安门外站下车，或乘地铁6号线在北海北站下车
电话：86252725
推荐菜肴：佛跳墙、罐焖鹿肉等

煲煲好酒楼
汤香浓郁

煲煲好酒楼以经营粤式煲汤、粤菜为主，味道十分正宗，招牌菜是秘制奇味鸡煲。如果你喜爱喝汤且时间充裕，不妨到这里来。煲汤需要足够的火候才能保证美味，点菜后，你可能需要耐心地坐着等待一段时间，但细细品味后，你一定会爱上这里。

地址：东城区朝阳门北大街甲12号

交通：乘101、109、110路等公交车在朝阳门内站下车，或乘地铁2、6号线在朝阳门站下车

电话：65523712

推荐菜肴：猪骨煲、鸡煲、肥肠煲等

简单生活梭边鱼
简简单单

简单生活梭边鱼，光这个店名就足以吸引那些身处喧嚣城市中想体验简单生活的食客走进去体验一下简单生活的感觉。餐馆没有一般中餐馆的喧哗，相反，那暗红色的灯光、紫色纱幔半掩着的落地玻璃窗，给人一种营造舒适、温馨的感觉。走进这里，点一盘梭边鱼，配上几碟小菜，你就可以静静地享受那份特有的情调。

地址：朝阳区安贞西里2区21号楼

交通：乘21、82、113路等公交车在安贞西里站下车，或乘地铁10号线在北土城站下车

电话：64436357

推荐菜肴：梭边鱼、西红柿牛腩、红烧带鱼等

杨家私房菜
江南风韵

杨家私房菜是一家比较有特色的江南菜馆。菜馆分上、下两层，装饰风格各不相同。其中，第一层大堂为典型的极俭主义装饰风格，整个大堂墙壁和顶部均被装饰成鲜艳的橙色，堂内几乎没有装饰物；第二层装饰风格高雅、别致，中式镂空雕花的木制门窗将其分成若干小间，中间夹杂几根修竹，还挂有一块古色古香的刻有"静好如宾"字样的木质牌匾，传达出一种平和高雅的风韵。

地址：东城区新中街68号

交通：乘地铁4号线在朝阳门站下车

电话：65527801

推荐菜肴：糖醋小排、烤麸、咱家茄子、咸蛋黄玉米粒等

09 湖广会馆私房菜
清新雅致

　　湖广会馆私房菜位于历史悠久的湖广会馆中。该会馆一半为餐厅，一半为博物馆和戏楼。会馆内部庭院深深，环境清幽，主要经营由私房菜、私家菜组成的湖北菜。其中，私房菜为官府菜，价位较高，适合商务宴请；私家菜大多为湖北、湖南两省的特色土菜，价格较实惠，适合朋友聚会。

地址： 西城区虎坊路3号
交通： 乘14、66、102路公交车在虎坊桥站下车，或乘地铁4号线在菜市口站下车
电话： 63529140
推荐菜肴： 三鲜豆皮、汗炉蒸鸭、热干面、手剥笋等

10 那家小馆
别有洞天

　　那家小馆表面上看起来是一家"青砖红门"组成的毫不起眼的餐馆，但里面却"别有洞天"。餐馆内部为"仿清式"装修风格，木质桌椅、青瓷餐具，每一处细节都透露着浓郁的古朴气息。餐馆主打菜为宫廷菜，餐牌独具特点，菜品精致考究，价格也比较实惠，非常适合朋友之聚会用餐。

地址： 朝阳区建国门外永安里10号
交通： 乘地铁1号线在永安里站下车
电话： 65673663
推荐菜肴： 皇坛子、桂花山药、世宁土豆泥、桃仁剔炒鸡等

那家小馆其他店推荐		
名称	地址	电话
植物园店	海淀区香山一棵松29号	82598588
鲁谷南路店	石景山区鲁谷南路	52400255
酒仙桥店	朝阳区酒仙桥北路2号	59789333

民族风味大网罗

巴扎童暖

01 西域红雅克西清真餐厅

所属风味：新疆

西域红雅克西清真餐厅是新疆人开的店，供应正宗的新疆口味菜肴。餐厅外表毫不起眼，给人一种进入自家小院的感受，里面的装饰清新、淡雅。餐厅里的菜肴色泽鲜亮、配料丰富，口感极佳，是一个让人难以忘怀的地方。

地址：西城区佟麟阁路85号旁
交通：乘地铁4号线在朝阳门站下车
推荐菜肴：大盘鸡、拉条子、贴饼子炖带鱼等

02 凤凰竹

所属风味：云南

凤凰竹位于青砖堆砌的小胡同中，是一座云南风味的私房餐厅。餐厅外有一块古色古香的木制牌匾和一扇装饰着民族图案的玻璃门，院内有一只蹲在石磨上的瓦猫雕塑静静地注视着来客，餐厅内摆放着竹子制成的桌子、酒杯、藤编的椅子以及店主人特意从云南背来的陶质花瓶……来这里吃饭，你会有种置身丽江的感受。

地址：西城区旧鼓楼大街铃铛胡同25号
交通：乘地铁2号线在鼓楼大街站下，B口出向前步行可到
电话：84036689
推荐菜肴：油泼鲈鱼、黄焖鸡、红三剁等

03 阿凡提嘉年华

所属风味：新疆

阿凡提嘉年华位于小胡同深处，是一家有着极强感染力与冲击力的新疆风味音乐餐厅，被誉为"北京小胡同里的天堂"。餐厅装饰奢华、大气，每一处布置都透着浓郁的民族特色，里厅悬挂着的1米多长的羊肉串能看得你垂涎欲滴，激情四射的歌舞表演更是让你产生仿佛在参加Party的错觉。

地址： 朝阳区朝阳门内大街188号拐棒胡同甲2号
交通： 乘地铁4号线在魏公村站下车
电话： 65272288
推荐菜肴： 土豆球、过桥米线、香茅草捆鱼等

04 西贝莜面村

所属风味：西北

西贝莜面村以经营莜面和牛羊肉为主，是正宗的西北风味餐厅。餐馆中用燕麦制成的莜面营养丰富、口感独特，牛羊肉也是极为独特的西北风味。餐厅内装饰典雅，流露着浓郁的西北民族风情，让人在用餐时感觉极其温馨和舒适。

地址： 朝阳区亚运村安慧北里小区安园8号楼
交通： 乘387、479、558路等公交车在秀园站下车，或乘地铁5号线在大屯路东站下车
电话： 64984455
推荐菜肴： 大拌菜、功夫鱼等

西贝莜面村其他店推荐		
名称	地址	电话
六里桥店	丰台区六里桥北里10号院	63316888
北苑路店	朝阳区拥军路北苑路甲76号	51737799

名称	地址	电话
三元桥店	朝阳区东三环北路乙2号	63453535
崇文门店	东城区东打磨厂街7号新世界女子百货B1楼	67039669
翠微路店	海淀区翠微路12号凯德MALL购物中心2楼	68279827

巴扎童嘎藏餐吧

所属风味：西藏

巴扎童嘎藏餐吧，无论是外部建筑风格，还是菜肴都极富藏族风情。餐厅内装饰绚丽多姿，菜品种类多样，极具特色。在这里就餐，你可以一边喝青稞酒，一边吃牦牛肉、羊肉，同时还可以欣赏到精彩的民族歌舞表演。

地址： 朝阳区新东路甲5－2号
交通： 乘110、117、120路等公交车在幸福三村站下车即到
电话： 64157107
推荐菜肴： 手撕牦牛、阿妈薄饼羊肉、藏王羔羊等

黄河水陕西名优小吃

所属风味：陕西

黄河水陕西名优小吃店面不大，装饰也较为简单，面条是这里的招牌美食。初次来到这里，可能会有点介意用餐环境和服务态度，但是当那散发着浓浓香味的美食放在你面前时，内心的不快之感顿时就会烟消云散。

地址： 朝阳区工人体育馆东门内6号看台北侧
交通： 乘110、120路等公交车在工人体育场站下车
电话： 58426260
推荐菜肴： 肉夹馍、油泼扯面、臊子面等

清心素食
重健康

01 净心莲

商务宴请

净心莲是一家典型的素食餐厅，这里的食材以五谷、豆类、蔬菜为主，料理讲究少油、少盐，无葱、蒜、味精，做出的是完全自然风味的菜肴。吃惯了大鱼大肉的你，来到这诗情画意般美妙的餐厅，静下心来，细细品尝后，会发现其实素食也可以和肉食一样美味。

地址： 朝阳区农展馆南路12号通广厦院内
交通： 乘302、350、406路等公交车在长虹桥东站下车，或乘地铁10号线在团结湖站下车
电话： 65923627
推荐菜肴： 一指禅、素手卷、荷塘月色等

02 香阳小筑

朋友聚会

香阳小筑店面虽小，但里面装饰却十分独特，且音乐悠悠。在这间仿若佛堂般的餐厅中吃饭，你可以一边研究内部摆放的佛学书籍，一边品尝跟真荤菜相似的美味素菜，体验一种别样的进餐感觉。

地址： 海淀区北三环路31－8号
交通： 乘79、323、361路等公交车在红民村站下车，或乘地铁13号线在大钟寺站下车
电话： 82112104
推荐菜肴： 什锦素面、农家小炒肉、清炒鸡毛菜等

天厨妙香素食馆
家庭就餐

　　天厨妙香素食馆位于写字楼内，外表看起来毫不起眼，但生意异常红火。餐馆内装饰素雅、别致，菜肴是纯素的，连鸡蛋都没有。不过，无论是青菜还是仿肉菜，都能让你产生仿佛是在吃荤菜的感觉。

地址： 海淀区清华东门创业大厦1楼110室
交通： 乘307、319路等公交车在清华园站下车，或乘地铁13号线在五道口站下车
电话： 62797078
推荐菜肴： 糙米饭、黑椒牛柳、蘑菇汁牛排等

荷塘月色
朋友聚会

　　荷塘月色深藏在小区之中，周围环境舒适、安逸，大门也极其普通。餐厅内的装潢以荷塘景色为理念，荷花、荷叶遍布在餐厅中，给人一种仿佛置身于荷塘般的感受。店内还有一处光明海书坊，吃完饭后，食客可以捧一杯清茶或咖啡，静静地坐在这里消磨时光。

地址： 朝阳区左家庄西街柳芳南里12号楼
交通： 乘515、966路公交车在柳芳南里站下车，或乘地铁13号线在柳芳站下车
电话： 64653299
推荐菜肴： 荷塘月色、水煮三国、黑椒墨玉等

05 藏素风格餐厅
情侣约会

藏素风格餐厅位于风景优美的什刹海边，柳树掩映下的玻璃窗给人一种明净、透亮的感觉。餐厅内经营的菜肴并非只有西藏素菜，还有精致的创意菜、融合菜。菜肴有荤有素，卖相讨人喜欢，口感极佳。来到这里，你可以坐在落地窗旁，点几份清新淡雅的素菜，隔窗眺望什刹海的景色，享受回归自然的清新感觉。

地址： 东城区地安门西大街51号荷花市场内
交通： 乘13、107、701路等公交车在北海北门站下车，或乘地铁6号线在北海北站下车
电话： 83286766
推荐菜肴： 素水煮鱼、素牛排、一指乾坤等

06 素虎净素餐厅
朋友聚会

素虎净素餐厅以提供时尚、健康的素菜为主题，以让食客吃得更加丰富、营养、放心为服务宗旨的素食餐厅。餐馆内宽敞明亮的大厅与雅致的隔断包间给人一种清新、自然的感觉，整个餐厅充满了淡淡文化气息。餐馆中以清新淡雅的素食为主打，还配有味道鲜美的荤菜，是在北京品尝素菜的最佳选择之一。

地址： 海淀区双清路88号华源世纪商务楼2楼
交通： 乘307、319路等公交车在清华园站下车，或乘地铁13号线在五道口站下车
电话： 82527078
推荐菜肴： 酱爆田螺、浓汤全菌锅、黑椒牛扒等

07 叙香斋素食
情侣约会

叙香斋素食绿树成荫，是一家以"清、静、素、美"著称的餐厅，位于文化气息浓郁的国子监大街上，周围古木参天，餐厅以提供自助餐为主，以仿荤菜形式制成的中西素食精品菜肴为辅，并提供多种咖啡、奶茶、冰激凌等饮品，价格实惠，是情侣约会、朋友聚会的理想场所之一。

地址： 东城区国子监大街甲26－1号
交通： 乘13、684路公交车在国子监站下车，或乘地铁5号线在雍和宫站下车
电话： 64046568
推荐菜肴： 羊肉串、水煮鱼、甜点、葡式蛋挞等

08 福慧慈缘素食餐厅
朋友聚会

福慧慈缘素食餐厅，单从名字上就能读出一种"佛"的韵味。餐厅装饰优雅，厅内书架上摆放着各种关于佛教的书，还有悠悠的佛教音乐弥漫其中。餐厅菜品极为讲究，选材精细，用素菜做成的仿荤菜，几乎可以达到以假乱真的地步。此外，这里的不少菜品蕴含着"佛"的寓意：一心向佛、吉祥上上签等。

地址： 东城区王府井东安大街53号锡拉胡同
交通： 乘专2路环线在东安门大街西口站下车，向前步行至东皇城南街路口，沿着东皇城南街向北行至锡拉胡同，再向前步行可到；或乘地铁5号线在灯市口站下车
电话： 51385789
推荐菜肴： 蓝莓山药、吉祥上上签、水煮鱼、五彩金针菇等

09 百合素食
朋友聚会

百合素食位于古朴典雅的老北京草园胡同四合院内，是一家由北京四海儿童经典导读教育中心创办的素食餐厅。餐厅门脸虽不起眼，但内部布置却极为清幽、雅致，墙面用书籍装饰而成，透露着浓郁的文化气息。餐厅中的菜一种是纯素的，一种是仿荤的，口感适中，价格合理。在这里吃完饭后，还可以静坐下来喝一杯花茶，享受餐厅中的那种香草怡性、素食悦心的氛围。

地址：东城区东直门北小街草园胡同甲23号

交通：乘612、674路等公交车在东直门北小街南口站下车，向前步行至草园胡同路口，再向左拐可到；或乘地铁2、13号线在东直门站下车

电话：64052082

推荐菜肴：千层饼、素肠、山药羹、糖醋小排等

10 博味堂自然素食
商务宴请

博味堂自然素食是一家带有自然素食的淡雅，却又不失归家般温馨的素食餐厅。餐厅装饰时尚、大气，以经营地地道道的自然素食为主，选用全国各地优质新鲜的素菜为原材料，烹调过程中不添加味精、色素，完全以天然绿叶蔬菜和藏红花调色，做出来的菜肴色香味俱全，味道鲜美。

地址：朝阳区北苑路安慧里一区14－9号

交通：乘地铁5号线在惠新西街北口站下车，再向北步行可到

电话：57127280

推荐菜肴：铁板黑椒牛柳、番茄浓汤、蔬菜手卷、回锅肉等

静莲斋
朋友聚会

静莲斋，又称静思素食坊，餐厅装饰风格古朴、典雅，墙壁上挂满了山水画、人物画卷，大堂内整齐地摆放着古色古香的木质桌椅，各包间都有别致的名称，装修风格各异。餐厅以素菜为主打，菜式多样，色香味俱全，且服务态度良好，让人在品尝美味的同时有一种如归家般的舒适感觉。

地址: 朝阳区和平西街化工大院社区内

交通: 乘75、119、123路公交车在和平西街站下车，向前步行至和平西里街路口，再沿着和平西里街向前步行可到；或乘地铁5号线在和平西里街站下车

电话: 64206839

推荐菜肴: 春江水暖、奶油焗素牛肉、手卷、酱爆山药等

静莲斋其他餐馆推荐		
名称	地址	电话
西直门店	海淀区高梁桥斜街甲30号梅苑饭店1－2楼	62255792
大佛寺店	东城区东四西大街隆福广场A座1楼	64052433

异域美食
尝新鲜

01 星期五餐厅

所属风味：美式

星期五餐厅是北京一家很老牌的美式餐厅，店内装饰也是典型的美式风格。这里的菜色精致、味道纯正，饮料独具特色，就连服务员的打扮也十分有韵味。每到西方节假日，餐厅内都会举办个性十足的活动，能让来这里的食客亲身感受西方节日的快乐。

地址： 朝阳区建国门外大街19号国际大厦C座
交通： 乘1、43、120路等公交车在日坛路站下车；或乘地铁1号线在建国门站下车，再向东步行可到
电话： 85263388
推荐菜肴： 烤土豆皮、摩卡咖啡冰淇淋派、炭烧排骨等

02 祖母的厨房

所属风味：美式

祖母的厨房是一位漂洋过海的美国老教师一手创建的，为典型的美式西餐厅。餐厅内环境舒适、温馨，菜肴种类众多，分量非常大，且价格实惠。来到这里用餐，让人有种仿佛走进了自己祖母厨房般的温暖、放松的感觉。

地址：朝阳区秀水南街甲11号

交通：乘1、43、126路等公交车在日坛路下车，或乘地铁1、2号线在建国门站下车

电话：65032893

推荐菜肴：奶油蘑菇汤、奶昔、薄荷奶昔等

03 莫斯科餐厅

所属风味：俄式

　　莫斯科餐厅建筑风格华贵高雅，内部装饰华丽、大气，具有浓郁的俄罗斯情调。餐厅由大餐厅、咖啡厅、宴会厅等厅堂组成，主要经营俄式西餐，兼营英、法、德式西餐，菜品色泽清亮，并具有清香、酸甜、醇厚等特点，口味纯正，深受食客喜爱。

地址：西城区西直门外大街135号北京展览馆院内

交通：乘105、111、16路等公交车在西直门外站下车，或乘地铁4号线在动物园站下车

电话：68316758

推荐菜肴：俄式冷酸鱼、罐焖牛柳、奶油蘑菇汤等

04 基辅罗斯餐厅

所属风味：乌克兰式

　　基辅罗斯餐厅是一家乌克兰特色西餐厅，餐厅晚上会有乌克兰演员唱歌，具有浓郁的乌克兰风情。餐厅以乌克兰最地道的民族菜肴为主，以肉类为主要食材，菜品卖相好，色、香、味俱全，再搭配西红柿片、青椒丝、红菜头块，清新爽口。

地址：海淀区玉渊潭南路普惠南里13号

交通：乘40、74、323路等公交车在八一湖站下车，或乘地铁1、10号线在公主坟站下车

电话：68283482

推荐菜肴：奶油蘑菇汤、红菜汤、基辅沙拉

 **05** 天都里印度餐厅

所属风味：印度式

　　天都里印度餐厅是印度人开的餐厅，就连服务员也都是印度人。餐厅规模不是很大，以经营印度菜为主，口味偏辣。来这里吃饭，置身于昏暗的灯光中，听着服务员用印度语细声交流，让人可从中体会到浓郁的印度风情。

地址：朝阳区工人体育场北路2号
交通：乘113、115、117路等公交车在长虹桥西站下车，或乘地铁10号线在团结湖站下车
电话：65972211
推荐菜肴：酸奶土豆饼、哈亚利碳烤无骨鸡块、马来可乐鸡等

 **06** 马克西姆餐厅

所属风味：法式

　　马克西姆餐厅是一家历史悠久的著名法式餐厅，由国际服装大使皮尔·卡丹先生带入北京。该餐厅环境优雅、舒适，枫栗叶状的吊灯和壁灯散发着幽暗的光辉，墙上有鎏金藤图案，且配有临摹卢浮宫、故宫的装饰壁画，身处其中，让人不自觉地就会有置身于18世纪的法国巴黎豪华宫殿内的奇异感觉。餐厅中的菜肴外形别致养眼，口感极佳，值得你慢慢品尝。

地址：东城区崇文门西大街2号崇文门饭店1楼
交通：乘地铁2、5号线在崇文门站下车可到
电话：65121992
推荐菜肴：藏红花大虾、法式鹅肝批、炸山羊奶酪配无花果等

07 福楼法餐厅

所属风味：法式

福楼法餐厅是一家浪漫的法式风格西餐厅。餐厅装饰风格洁净、雅致，有洁白色的桌布、洁白色的场外棚，还有淡淡的浪漫情调。餐厅内服务员的服务态度很好，做事利索。这里的蜗牛、鹅肝、牛排，是非常受食客欢迎的菜肴。

地址：朝阳区霄云路18号
交通：乘405、682、707路公交车在五里沟站下车
电话：65955135
推荐菜肴：鹅肝、生蚝、蘑菇汤、牛排等

08 松子日本料理

所属风味：日式

松子日本料理是北京一家非常受欢迎的日式西餐厅。餐厅装饰风格时尚，环境舒适、优雅，服务也很好。餐厅内菜品种类虽不是特别多，但味道非常好，价格也较为实惠，其生鱼片是最受欢迎的菜肴之一。不过，餐厅内的生鱼片每天都限量供应，想吃就得早点去。

地址：朝阳区亮马桥路39号第一上海中心1楼
交通：乘402、413、418路公交车在安家楼站下车
电话：84534062
推荐菜肴：烤鳗鱼、生鱼片、寿司

09 锦山阿里郎烤肉城

所属风味：韩式

锦山阿里郎烤肉城是一家以各式烤肉为主打的韩式餐厅。餐厅环境非常舒适，服务态度也很好。来到这里，你既可以要服务员帮忙烤肉，也可以自己动手烤，烤肉时还可以根据自己的口味来放调料。

地址： 西城区南新华街13号
交通： 乘7、15路公交车在和平门外站下车，或乘地铁2号线在和平门站下车
电话： 63152045
推荐菜肴： 猪五花、培根、冷面等

10 泰辣椒

所属风味：泰式

泰辣椒是一家以制作泰国菜为主的餐厅，主打菜肴是黄咖喱炒蟹。餐厅内部装修沿袭了泰国传统华丽、舒适风格，有着宽松的环境、柔和的灯光和地道的泰国音乐，身处其中，你能放下生活、工作带来的烦忧，尽情地享受美食。另外，泰辣椒在首都机场3号航站楼3楼还有一家分店。

地址： 朝阳区将台路6号丽都广场缤纷廊B座2楼
交通： 乘408、420、677路公交车在丽都饭店站下车
电话： 64376976
推荐菜肴： 黄咖喱炒蟹、菠萝饭、冬阴功汤等

藏红花西餐厅
所属风味：西班牙式

藏红花西餐厅位于文艺气息浓郁的五道营胡同深处，是一家别有风情的西式餐厅。餐厅门脸极小，外观毫不起眼，内部装饰风格也极为简单。厅内铺着木质地板，有柔和的灯光照耀其中，顶部为透明的玻璃制成，给人一种舒适、惬意的感觉。餐厅主打西班牙菜，味道独特，口感极佳。

地址： 东城区安定门五道营胡同64号院
交通： 乘地铁5号线在雍和宫站下车，从A口出，向前直走200米左转可到
电话： 84044909
推荐菜肴： 橄榄油煎蘑菇、意式生牛肉、餐前面包配鸡肝酱、提拉米苏等

其他异域美食餐厅推荐		
名称	地址	电话
得克萨斯扒房	朝阳区将台路6号丽都假日饭店1楼	64376688转1849
浮士德西餐厅	朝阳区曙光西里甲5号凤凰汇购物中心1楼L101、L201号铺	56383328
TASTY西提牛排	西城区宣武门外大街8号庄胜崇光百货南区新馆5楼	63105617
萨拉伯尔韩国料理	朝阳区朝阳北路常营丽景园6号楼B1楼	57845295
汉拿山	朝阳区太阳宫中路12号太阳宫凯德MALL 4楼04-13/14/15号铺	67729088
阿那汗马来西亚餐厅	朝阳区朝阳门外大街昆泰国际大厦南侧底商17号	58790370
FACE/妃思泰国餐厅	朝阳区工体南路东草园26号FACE/妃思酒店内	65516788

北京夜景

PART 5

最 IN 北京

特色酒吧
Follow Me

01 XIU秀酒吧

风格独特

　　第一次来到XIU秀酒吧，想必会被电梯门打开后所见到的景色所震撼。XIU秀酒吧是北京极为少见的屋顶庭园之一，院中摇曳的竹影与清澈的荷花池环绕着以五座宋代风格的楼阁打造出的五个主题酒吧，每个酒吧都有着不同的概念与风格。这里几乎可以看到你想要的各种美酒，还可以找到异域风情十足的乐队表演。

地址： 朝阳区建国门外大街2号北京银泰中心A座北京柏悦酒店6楼
交通： 乘1、28、113路等公交车在国贸站下车，或乘地铁1、10号线在国贸站下车
电话： 85671108
营业时间： 周日至周三18:00～次日2:00，周四至周六18:00～次日3:00

02 桃之夭夭

环境雅致

　　桃之夭夭位于风景优美的后海旁边，是一座中式二层小楼构成的酒吧，环境清幽、舒适。晚上来到这里，你可以闲坐在二层最古典的木制美人靠上，手端一杯美酒，静静享受摇曳灯光下的优美音乐。登上天台，面朝灯光环绕下的后海，你可以从远方传来的桨声中感受到"十里秦淮"的风情。

地址：西城区后海银淀桥南岸西200米绿化带后
交通：乘5、60、124路等公交车在鼓楼站下车，或乘地铁6号线在北海北站下车
电话：66118585
营业时间：14:30～次日2:00

03 水牛石餐吧
情调十足

　　水牛石餐吧装饰风格独特，充斥着神秘的异国情调。步入这里，客人就像走进了一个寻常的东南亚人家，供桌、佛龛、墙饰以及桌椅的摆放，都有着东南亚的家居风格。该餐吧一层由吧台、供桌、用餐桌椅和大型绿色植物盆栽构成；二层则是一个回字形的空间，里面有凤尾棕、冬棕和观叶植物等绿色植物，植物中间随意摆放着多组一桌两椅的桌椅组合，私密性很强，也很有情调。

地址：西城区什刹海荷花市场5-7号
交通：乘5、60、107路等公交车在鼓楼南站下车，或乘地铁6号线在北海北站下车
电话：66171666
营业时间：9:30～次日2:00

04 月色酒吧
演艺吧

　　月色酒吧是以交友为主题的酒吧，有着"月色下的一杯酒，可以成为让陌生人相识的理由"的口号。月色酒吧中每晚都会有知名乐队演出，有知名DJ现场打碟，有主持人与客人举行互动交友游戏，同时酒吧还会不定期举办大型主题Party。它是一个能让来到这里的人开心、满意的酒吧。

地址：朝阳区三里屯北街8号
交通：乘113、115、406路等公交车在三里屯站下车，或乘地铁10号线在团结湖站下车
电话：64161633
营业时间：10:00～次日2:00

05 云胜酒吧
热情奔放

云胜酒吧以"自身抽象而狂放"的风格立足于三里屯，是三里屯最受泡吧一族喜爱的酒吧之一。云胜酒吧每晚都会有对音乐有着强烈的追求且天性开朗的菲律宾乐队在此表演，他们热情奔放的表演配上酒吧中顶级的音响设备，客人很容易就会被酒吧内的气氛感染，从而跟随着音乐节奏摇摆起来。

地址： 朝阳区三里屯北街58号
交通： 乘113、115、406路等公交车在三里屯站下车
电话： 64159196
营业时间： 10:00～次日1:00

06 雕刻时光
书香四溢

初次来到雕刻时光，可能会有种是否走进了电影院或是某位作家书房的错觉。雕刻时光酒吧的墙壁上贴满了密密麻麻的电影海报，酒吧其中一角还被颜色各异、内容多样的书堆成了一面书墙。邀一两个挚友，置身于雕刻时光酒吧中，拿一本小书，端一杯美酒，边品边看，好好地体味一番酒吧中特有的风情，不失为一种享受。

地址： 海淀区城府路35号华清嘉园12号楼2号3楼
交通： 乘86、307、331路等公交车在五道口站下车
电话： 82860349
营业时间： 11:00～22:30

07 乡瑶酒吧
乐队演艺

乡瑶酒吧以"乡村音乐"为主题，是一家以美国"乡村音乐"发源地田纳西州的纳什维尔命名的酒吧。乡瑶酒吧不论是布置还是装潢都体现出一种粗犷的风格，它通过原木结构的屋顶、桌椅、栅栏门以及斑驳的墙壁，打造出一种特有的亲和力。来到这里，点上一杯号称"全北京最好的威士忌或德国啤酒"，听一曲"乡村音乐"，所有烦恼都会烟消云散。

地址： 朝阳区麦子店朝阳公园路29号好运街
交通： 乘419、682、701路等公交车在路安家楼站下车
电话： 58670298
营业时间： 11:00～次日3:00

08 作家酒吧
文艺气息十足

　　作家酒吧，店如其名，充满了文艺气息。该酒吧因有引领一代文学风潮的诗人作家，如泰戈尔、郭沫若、萧伯纳等人曾在此流连而闻名。酒吧装饰风格华丽、时尚，墙壁上挂有一些名人在此下榻时留下的黑白照片，还保留有历经百年风雨的法国弹簧跳舞地板。来到这里，饮上一杯鸡尾酒、点上一根雪茄，再要上点鲜美的鱼子酱、牡蛎，将是一种非常美妙的享受。

地址：东城区东长安街33号北京饭店莱佛士饭店1楼
交通：乘地铁1号线在王府井站下车
电话：65263388转4181

09 16毫米
电影主题

　　16毫米位于热闹、繁华的南锣鼓巷中，是一家以电影为主题的咖啡酒吧。该酒吧环境优雅、舒适，店内墙壁上张贴有一些旧电影海报，后屋还有一个独具特色的电影放映厅，这里时常会有影视界和文艺界的人士出没。该酒吧内的特色酒为款式丰富的鸡尾酒，每款酒都有不同的说法，很有吸引力。

地址：东城区南锣鼓巷57号
交通：乘60、118路公交车在南锣鼓巷站下车；或乘地铁6号线在南锣鼓巷站下车
电话：64063863

10 元缘红坊
轻松舒适

　　元缘红坊位于南锣鼓巷旁的一条幽深的胡同中，是历史较为悠久的酒吧。该酒吧大门以红色装修为主，"元缘红坊"四个大字极为醒目，店内墙壁上涂有各种白色和红色的格子，画着各式各样的卡通画，沿墙垂挂有绿色藤条，环境极为温馨惬意。坐在这里，饮上一杯美酒，点上一碟特色小吃，时间就在惬意的氛围中悄悄流逝了。

地址：东城区南锣鼓巷74号
交通：乘60、13、118路等公交车在锣鼓巷站下车
电话：64072116

去北京 火
终极实用版

11 Cargo Club
热情奔放

Cargo Club即卡古酒吧，是工人体育场边最好的酒吧之一。该酒吧采用错层设计风格，内有数十间经过精心装修的包房，透过包房的落地玻璃，可以看到楼下舞池中热舞的人群，而包房内丝毫不吵闹。此外，酒吧内还有最流行的电子音乐和重量级的DJ，可以让人在美酒和灯光中尽情摇摆。

地址： 东城区工体西路6号
交通： 乘110、117路等公交车在工人体育场（北门）站下车
电话： 15901088981

12 男孩女孩酒吧
老牌酒吧

男孩女孩酒吧位于热闹的三里屯北街上，是一家以现场演唱而闻名的酒吧。该酒吧外表特别显眼，欧式门脸上镶嵌"男孩女孩"字样的招牌，挂有炫目的霓虹灯，透过外面巨大的玻璃窗看进去能感受到酒吧内火热的气氛。酒吧每天晚上都有乐队演出，其中主要演出乐队包括有透明乐队、男孩女孩彩虹女子乐队等。

地址： 朝阳区三里屯一条街68号
交通： 乘113、115、406路等公交车在三里屯站下车
电话： 64166777

其他特色酒吧推荐			
名称	地址	电话	营业时间
爱尔兰吧	朝阳区三里屯南街东12楼	65022808	12:00～次日2:00
豹豪酒吧	朝阳区工体北路1-3号	65324054	9:00～21:00
玛吉阿米酒吧	朝阳区秀水南街甲11号2层	650699616	11:30～次日2:00
甲丁坊	西城区地安门西大街51号	83289898	10:00～次日3:00
8号公馆	西城区西外大街141号	68316187	9:00～21:00

01 老舍茶馆

北京民俗之窗

高雅茶馆
享清净

老舍茶馆以人民艺术家老舍先生及其名剧命名，是集书茶馆、餐茶馆、茶艺馆为一体的多功能大型茶馆。自开业以来，老舍茶馆接待了多位外国元首和众多海内外游客，是展示中华民族精品文化的特色"窗口"和连接中外友谊的"桥梁"。在这里你每天都可以品尝香茗和北京风味小吃，还可以欣赏一台汇聚了京剧、曲艺、杂技等优秀民族艺术的精彩演出。

地址： 前门西大街正阳市场3号楼
交通： 乘22、48路等公交车在前门站下车，或乘地铁2号线在前门站下车
电话： 63046334
营业时间： 9:00～次日1:00

02 更香茶楼
古老风韵

更香茶楼占地面积庞大，上下两层茶楼中设有主题大包房、茶艺包间、品茶看演出及会议厅等几大功能区。该茶楼没有其他茶楼那种繁琐的设计，只用了古色的地板搭配仿古的墙砖，再配以考究的中式家具，打造出一种岁月久远的古茶楼韵味。此外，整座茶楼的装饰还穿插了少许现代风格，成就了它更为独特的韵味。

地址：西城区马连道甲10号2层
交通：乘46、414、89路等公交车马连道胡同站下车可到
电话：63341945
营业时间：10:00～24:00

03 梁祝茶馆
异域风情

梁祝茶馆位于北京最富灵气的后海的中心位置，临水依岸，环境清幽，是极富自然风情的茶馆。梁祝茶馆中有昆曲、越剧驻演，是中华新古典主义休闲场所的新锐代表，为追求完美的人们提供了一个品饮、社交的场所。

地址：西城区后海南沿30号
交通：乘22、48路等公交车在前门站下车，或乘地铁2号线在前门站下车a
电话：83222427
营业时间：13:00～次日2:00

04 圣淘沙茶楼
风景优美

圣淘沙茶楼是一家相当上档次的茶楼，环境安静、舒适，里面的每个包厢都有各不相同的设计风格，且服务周到，是商务洽谈、家庭休闲、朋友聚会的理想地之一。圣淘沙茶楼不单单是茶楼，它以经营中外名茶、咖啡和"燕鲍翅"西式菜品为主，以经营粤菜、东南亚美食、西式海鲜为辅助，在这里能品尝到不同口味的美食。

地址：朝阳区安定门外大街外馆斜街甲1号
交通：乘123、113路等公交车在外馆斜街站下车
电话：85285000
营业时间：13:00～次日2:00

05 天桥乐茶园
老北京气息

天桥乐茶园分上、下两层，装饰风格典雅、华丽，是对外展示新、老北京历史、文化的一个窗口。来到这里，坐在摆放整齐的原木桌椅上，你可以品尝散发着清香的香茗，可以品尝民俗特色小吃，还可以观看京剧、硬气功、古彩戏法等众多中华传统艺术节目的表演。

地址：西城区北纬路甲1号
交通：乘17、71、106路等公交车在天桥站下车
电话：63040912
营业时间：10:00～22:00

06 露雨轩茶楼
佛教气息

露雨轩茶楼是一家以"禅"茶为主题的佛教自助式茶楼，在北京城有着较为响亮的名气。露雨轩茶楼分上、下两层，大门入口处有精心设计的"放生池"，楼内有三尊屹立的大佛，有众多与佛教相关的雕刻、塑像、字画，还有以"佛语"命名的包厢。来到这里，你不仅能品尝香茗，还能烧香、礼佛。

地址：海淀区北太平庄2号
交通：乘21、92、510路等公交车在牡丹园东站下车
电话：82080027
营业时间：10:00～次日2:00

07 思茗斋茶艺馆
古色古香

思茗斋茶艺馆有着古典书斋的风格，环境清幽，处处散发着古香古色的气息。步入茶楼，可以看到草编的帘子，木本色的茶桌，古色古香的茶具，各式各样的书画作品以及服务员表演用的茶道。置身其中，周身的疲劳都会在四溢的茶香中烟消云散。

地址：西城区地安门东大街61号
交通：乘60、82路等公交车在东皇城根北口站下车
电话：84049663
营业时间：10:00～次日2:00

08 明慧茶苑

禅茶一体

明慧茶苑位于千年古刹大觉寺中，环境极为清新、优雅。该茶苑有清泉从石凿渠里缓缓流过，房间内摆放着木桌木椅，木质茶牌悬挂在大梁上，墙壁上挂有与明慧茶苑有关联的字画，整个茶馆散发着一种古色古香的气息。邀三五好友，捧一杯香茗，于缕缕茶香中畅谈人生，将是一种极其美妙的享受。

地址：海淀区苏家坨镇北安河乡大觉寺内
交通：乘633、919（专线）路公交车在大觉寺站下车
电话：62461567

09 心斋茶社

古朴别致

心斋茶社是一家藏匿在胡同深处的茶社，生意非常火爆，有时甚至会出现无地可坐的场面。该茶社从木质大门、木质招牌、木质桌椅到别致的包间，都散发着古色古香的气息。茶社服务态度非常好，还有瓜子、花生相送，且消费价格不是很高。来到这里，点上一杯特色台湾茶——高山云雾茶，整个人都会沉醉在茶品散发出来的浓郁香味中。

地址：东城区东直门内北小街8号院3号楼103号
交通：乘406、612、674路等公交车在东直门北小街站下车，地铁2、13号线在东直门站下车
电话：84064929

10 正蓝旗茶艺馆
清静舒适

正蓝旗茶艺馆位于南锣鼓巷的小胡同中，是一家环境极其清幽的茶艺馆。该茶馆的老板是个地道的老北京人，茶馆面积不大，但有一个看起来极为舒适的露台，还有一扇古色古香的镂空木门。来到这里，将在尘世中浮沉了许久的身体扔在屋外的木椅上，饮上一杯香茗，听听舒缓的音乐，整个人能得到彻底放松。

地址：东城区南锣鼓巷10号
交通：乘107、124路等公交车在小经厂站下车
电话：64000220

11 留贤馆
音乐缭绕

留贤馆位于幽静的国子监成贤街上，是一家充满了中国传统文化韵味的茶馆。一踏入茶馆，空气中便有一股淡淡的茶香传入鼻腔，美妙的音乐萦绕在耳畔，仿佛那音乐就是随着茶香飘来的。茶馆大厅被低垂的竹帘和木制的多宝格自然分隔成一处处小单间，每一单间内都摆放着别致的木质桌椅和木质茶具，很有古韵。

地址：东城区国子监街28号
交通：乘113、117、116路等公交车在雍和宫站下车，或乘地铁2、5号线在雍和宫站下车
电话：84048539

其他清雅茶馆推荐		
名称	地址	电话
逐鹿茶楼	海淀区学院路6号	82395958
茗仁茶艺馆	海淀区清华科技园清华科技大厦C座B1楼	58722026
圣淘沙茶楼	朝阳区安定门外外馆斜街甲1号	85285000
嘻哈包袱铺	东城区南锣鼓巷74号	64072116
广和茶轩	西城区西单横二条甲3号广州大厦5楼	66078866
北平楼茶艺馆	西城区地安门西大街51号	58670298

经典剧院
别落下

01 国家大剧院
剧院综合体

国家大剧院俗称"巨蛋"，是亚洲最大的剧院综合体之一，也是一处别具特色的观景胜地。国家大剧院外围环绕着水色荡漾的人工湖，整座建筑外形为半椭球形钢架结构。游客需要通过人工湖南北两侧的水下长廊才能进入内部，内部设有歌剧院、音乐厅、戏剧场和小剧场，主要演出歌剧、舞剧、演唱会等节目。

地址：西城区西长安街2号
交通：地铁1号线在天安门西站下，或乘地铁2号线在前门站下
电话：66550000

02 首都剧场
影响力十足

首都剧场是新中国成立后构建的第一座以演出话剧为主题特色的专业剧场，同时还能举办大型歌舞、戏剧演出。首都剧场是东西方建筑风格的完美结合体，剧场一层为大厅，二层为环行跑马廊，三层为设有音乐台的宴会厅。首都剧场先后上演了《虎符》、《蔡文姬》、《武则天》等剧目，是我国具有重要影响力的剧场之一。

地址： 东城区王府井大街22号
交通： 乘103、104、108路等公交车在灯市西口站下车
电话： 59492223

03 北展剧场
客容量大

北展剧场位于北京展览馆气势恢宏的俄罗斯风格建筑群中，是北京客容量最大的专业演出剧院之一。北展剧场以接待大型芭蕾舞、交响乐、歌舞剧及大型会议为主，自剧场建成后，先后吸引了俄罗斯古典模范芭蕾舞团、英国皇家芭蕾舞团、德国巴登爱乐交响乐团等大型国际音乐团来此演出，在促进中外文化艺术交流方面起到了极大的作用。

地址： 西城区西直门外大街135号
交通： 乘地铁2、4、13号线在西直门站下车
电话： 68354455

04 保利剧院
演出质量高

保利剧场建筑面积庞大，是北京重要的演出场所之一。保利剧场内部装饰华丽，有先进的舞台、灯光、音响、语言传译等设施，还有富丽堂皇的贵宾厅和雅致的钢琴房，以交响乐、芭蕾舞、歌剧等演出为主，不少享有盛名的国内外艺术团体都曾在此登台献艺，是举行大型演出的最佳场所之一。

地址： 东城区东直门南大街14号
交通： 乘地铁2号线在东四十条站下车
电话： 65065343

05 梅兰芳大剧院
茶座式剧场

梅兰芳大剧院以中国京剧艺术大师梅兰芳先生的名字命名，是一座拥有高技术手段的演出场所。梅兰芳大剧院体现了现代风格的设计理念，外部结构由钢架支撑的扇形屋架和玻璃屋面组成，内部装饰则融入了中国传统建筑形式的精髓，以红色的立柱、红色的大墙及华丽的灯饰构成。

地址： 西城区平安里西大街32号
交通： 乘地铁2号线在车公庄站下B口出
电话： 58331388

06 中国木偶剧院
儿童最爱

中国木偶剧院是一个以少年儿童为主要服务对象的大型儿童乐园，也是我国目前唯一以木偶戏演出为主的专业剧院。中国木偶戏剧院并非单单表演木偶戏，而是形成了一条以演出、影视、动漫等于一体化的儿童文化产业链。

地址： 朝阳区安华西里甲1号
交通： 乘300、302、367路等公交车在安贞桥西站下车，或乘地铁8号线在安华桥站下车
电话： 64243697转8004

07 蜂巢剧场
综合性剧院

蜂巢剧场原是东创影剧院，后来导演孟京辉为上演《恋爱的犀牛》剧目特意重新改建了该剧场，并将其更名为蜂巢剧场。该剧场每个细节都体现了蜂巢的图案设计理念，主要用来演出孟京辉策划制作的常规戏剧，同时剧场内时常会举办画展、摇滚音乐会、当代诗歌朗诵会等系列文化交流活动。剧场内丰富的演出受到了广大观众的热捧，每次演出开始前，经常都可以看到蜂巢剧场门口排起的大长队。

地址： 东城区东直门外大街十字坡西里甲3号3楼
交通： 乘24、106路等公交在东直门内站下车，或乘地铁2、13号线在东直门站下车
电话： 84049981

08 蓬蒿剧场
受观众热捧

09 中国国家话剧院
四合院小剧场

蓬蒿剧场又称蒿子秆儿剧场，是北京第一个四合院小剧场。该剧场以传统四合院老建筑结合玻璃钢结构建造，环境优雅、舒适，安静而具艺术性，定位于文学剧场，主要上演国产戏剧作品及西方当代最新戏剧作品。同时，该剧场也是各界企业人士举办各种聚会、发布会等活动的理想场所。

中国国家话剧院是在中国青年艺术剧院和中央实验话剧院的基础上成立的，汇聚了一大批国内最优秀的戏剧艺术家和戏剧管理家。剧院拥有国话剧场、国话小剧场和国话先锋剧场三个剧场，演出不同风格和规模的剧目，上演过的经典剧目包括有《奇异的插曲》《赵氏孤儿》《活着还是死去》等。

地址： 东城区东棉花胡同35号
交通： 乘104、108路等公交车在北兵司马胡同站下车，或乘地铁6号线在南锣鼓巷站下车
电话： 64006472

地址： 西城区广安门外大街277号
交通： 乘6、38、42路等公交车在广外甘石桥站下车
电话： 83069696

10 长安大戏院
老字号剧场

长安大戏院位于热闹、繁华的东长安街上，是一座有着悠久历史的大型老字号剧场。该剧场采用古典民族风格与现代建筑艺术风格结合的设计理念，整体装潢带有典型的明、清风格，大厅内放有雅致的红木桌、舒适的软椅和"手绘婴戏园"茶具，身处其中，观众会有种置身于明、清时代戏园的感受。戏院以上演经典剧目为主，尤其是以京剧为代表的各种艺术形式的演出为主。

地址： 东城区建国门内大街7号光华长安大厦内
交通： 乘1、52、90路等公交车在北京站口东站下车，再向东步行可到；乘地铁1、2号线在建国门站下车，再向西步行可到
电话： 4006004100

中国国家大剧院

11 皇家粮仓
古老气息浓郁

皇家粮仓位于经历了数百年风风雨雨的粮仓内，是一座古老气息浓厚的剧场。剧场的戏台极像古代官宦人家的厅堂，没有帷幕，墙壁上满是岁月留下的痕迹。剧场内以上演厅堂版的昆曲《牡丹亭》为主，观众可以通过若干液晶电视看到演员在化妆间内勾脸的场景，剧目演出内容也极其精彩。此外，剧场内还有特色美食供观众品尝。

地址： 东城区东四十条22号A18、A19号
交通： 乘42、44、113路等公交车在东四十条站下车，或乘地铁2号线在东四十条站下车
电话： 64096499

12 红剧场
时尚华丽

红剧场原为崇文工人文化宫大剧场，是一座深受海内外人士喜爱的剧场。该剧场外观时尚、大气，内部装饰华丽，给人一种温馨、舒适的感觉。剧场内的演出比较市民化主题，将传统的曲艺节目从电视上带回到了剧场中。来这里看演出的客人，很多都是冲着《功夫传奇》来的，剧中一个个惊险的动作、一幕幕精彩的演出，彻底征服了观众。

地址： 东城区幸福大街44号崇文工人文化宫内
交通： 乘35、36、60路等公交车在北京体育馆站下车，或乘地铁5号线在天坛东门站下车
电话： 67142473

其他经典剧院推荐		
名称	地址	电话
中国儿童剧场	东城区东安门大街64号	65134115
世纪剧院	朝阳区亮马桥路40号	64664805
朝阳9个剧场	朝阳区小庄金台西里17号朝阳区文化馆内	65324054
北京人艺实验剧场	东城区王府井大街22号首都剧场	65249847

音乐殿堂
震撼视听

01 北京音乐厅

乐坛精英演出地

北京音乐厅是一座白色矩形建筑，也是我国第一座专为演奏音乐而设计建造的专业音乐厅。北京音乐厅内配备了一系列现代化的建筑声学措施，确保了演员和观众都能全神贯注地欣赏音乐。它是乐坛精英施展自身才华的舞台，包括梅纽因、王健在内的一大批海内外音乐家都曾在此一展才华。

地址： 西城区北新华街1号
交通： 乘地铁1、4号线在西单站下车
电话： 65513348

去**北京**
终极实用版

国家图书馆音乐厅
音质效果极佳

国家图书馆音乐厅位于书香四溢的国家图书馆院中，是颇有影响的文化演艺综合机构之一，以举办会议服务、文艺演出、艺术培训和电影放映等为主，定期举办中外音乐会、学生音乐普及专场、周末音乐会等活动为辅。音乐厅内设备一流，视听效果俱佳，是欣赏音乐的理想之地。

地址： 海淀区中关村南大街33号
交通： 乘地铁4号线在国家图书馆站下车
电话： 88545520

中山公园音乐堂
视野宽广

中山公园音乐堂位于环境优美的皇家古典园林——中山公园内，是一座现代化的大型专业音乐厅。中山公园音乐堂内的演奏大厅由乳白色大理石镶嵌铺装而成，厅内音频与声响效果极佳，观众席上特别的木质软包座席宽敞舒适，可以在最大程度上解决吸音干扰问题，良好的视野设计使身处任何方位的观众都能将舞台上的情景一览无余。

地址： 西城区天安门西侧中山公园内
交通： 乘地铁1号线在天安门西下车
电话： 65598285

金帆音乐厅
室内乐演出点

金帆音乐厅是一座适用于室内乐演出的音乐厅，也是一座具有鲜明特色的教育音乐厅。这里没有电声扩声设备，完全利用自然声，适应音乐欣赏的要求，且厅内规避了回声、声聚焦等声学缺陷，是举行室内乐、独唱、独奏等演出的绝佳场所。

地址： 东城区王府井大街24号
交通： 乘103、104、108路等公交车在灯市口西站下车，或乘地铁5号线在灯市口站下车
电话： 65260615

中央音乐学院音乐厅
音乐的圣殿

中央音乐学院音乐厅位于原清朝醇王府内，是北京举办音乐会、高雅艺术活动和文化论坛的地方，也是众多音乐家成长并走向世界的摇篮。每年，中央音乐学院音乐厅都会以"创作—理论、表演、科研"为音乐艺术教育和发展理念举办"北京现代音乐节""中央音乐学院音乐节""北京现代电子音乐节"三大音乐节。

地址：西城区鲍家街43号中央音乐学院音乐厅内
交通：乘44、49、50路等公交车在复兴门南站下车，或乘地铁2号线在复兴门南站下车
电话：66425746

星光现场音乐厅
互动型音乐厅

星光现场音乐厅是北京第一个"Live House"形态的演出场地，厅内配有专业演唱会的灯光、音响、视频等设备。星光现场音乐厅以现场独特的表现形式，将音乐与流行完美融合，使听众能通过近距离欣赏、互动以及观看现场视频直播等方式，全身心融入现场的音乐氛围中。

地址：东城区和平西街79号糖果3楼
交通：乘地铁5号线在和平西桥站下车
电话：64284080

北航晨兴音乐厅
综合型音乐厅

北航晨兴音乐厅是一座集音乐及文艺演出、文化讲堂及学术会议于一体的艺术殿堂，也是北京航空航天大学向社会播种艺术种子、提升艺术素养的标志性建筑。北航晨兴音乐厅建筑面积庞大，外观典雅、大气，厅内观众席为阶梯形座位，舞台上配有大屏幕，是欣赏音乐、举办音乐会的理想场所。

地址：海淀区学院路37号北京航空航天大学内
交通：乘地铁13号线在知春路站下车
电话：82339976

休闲咖啡
"醉" 妙曼

01 星巴克咖啡
环境安逸

星巴克咖啡店处在一座通体透明的白色城堡中，三面玻璃环绕的空间，给人一种安静舒适的感觉。谈情说爱的情侣、专心读书的学生、行色匆匆的上班族构成了建外SOHO店特有的风景。步入这里，点上一杯咖啡，找个靠窗的位置坐下，安逸的环境和浓郁的咖啡香会让你感觉无比惬意。

地址： 朝阳区东三环中路39号建外SOHO东区5号楼内
交通： 乘地铁1、10号线在国贸站下车
电话： 58690273

02 雕刻时光咖啡
风景别致

雕刻时光咖啡是游玩香山公园后休息、放松的好去处。古色古香的小屋旁，几棵歪脖子枣树、几只慵懒的猫咪都是特有的风景。步入店内，随便找一个让自己感觉舒适的位子坐着，随手拣一本书，捧一杯香浓的咖啡，时光就这么悄悄地从指间滑走。

地址： 海淀区香山买卖街55号
交通： 乘360、634路等公交车在香山公园东门站下车
电话： 825900470

沙漏咖啡
古色古香

沙漏咖啡环境清幽，是一座古色古香的老屋改造而成的咖啡馆。沙漏咖啡中的木制吧台上摆放着许多大小不一的沙漏、老式白瓷茶壶、金鱼缸等物品，旁边是一个放满了书的木架子，中间则随意摆放着木桌、木椅，不时还有活泼灵动的白猫在中间奔跑，一切看上去都是那样古朴、安逸。

地址： 西城区帽儿胡同1号
交通： 乘13、118、823路等公交车在南锣鼓巷站下车，或乘地铁6号线在南锣鼓巷站下车
电话： 64023529

盒子咖啡
文化气息浓郁

盒子咖啡就像一个巨大的盒子，是北京最有文化气息的咖啡馆之一。推开咖啡馆那扇木质的小门，让人如同进入了一个木盒子般的童话世界中，圆锥形的吊灯散发出来的灯光，影影绰绰地照在咖啡木料的地板、墙壁，四处弥漫的咖啡香让人沉醉。盒子咖啡馆还有浓浓的电影情结，先后举办过中国第一届独立电影节、记录草原电影周等活动。

地址： 海淀区双清路西王庄5号
交通： 乘333、355、466路等公交车在清华东路西口站下车，或乘地铁13号线在五道口站下车
电话： 62791280

秀冠咖啡
中西结合

秀冠咖啡位于古老而神秘的成贤街上，是中国传统化风格与西方现代风格相结合的咖啡馆。秀冠咖啡屋顶绘有敦煌飞天图，屋内以老雕花窗框间隔，墙壁用老雕花木板装饰，屋中布置了很多特舒服的老式桌椅，一旁有暖暖的炉子，每个来这里的人都能从中品味出一种温馨、舒适的韵味。

地址： 东城区国子监街25号
交通： 乘113、117、116路等公交车在雍和宫站下车，或乘地铁2、5号线在雍和宫站下车
电话： 64052047

06 西藏咖啡馆
藏族风情

　　西藏咖啡馆具有浓郁的西藏风情，环境清新干净，是一个闹中取静的好去处。经营这家店的老板是西藏人，店中看似随意地摆放着洁白的哈达、昏暗的牛皮灯罩、牦牛装饰品等，菜单也非常有个性，从外表看好像就是一本古老的经书。来到这里，点上一杯香浓的咖啡，配上牦牛肉、青稞酒，很容易就会陶醉其中。

地址： 东城区南锣鼓巷97号
交通： 乘13、118、823路等公交车在南锣鼓巷站下车，或乘地铁6号线在南锣鼓巷站下车
电话： 64022165

07 三棵树咖啡
老北京风情

　　三棵树咖啡位于一座古老的建筑中，因门前拥有三颗高大的古国槐而得名。咖啡馆由四合院的东耳房改建而成，保留有古四合院的高墙、横梁等建筑，店内装饰以老北京风格为主，一盆盆绿色植物排列其中，尽显居家风格。咖啡馆内有喝咖啡的独立小空间，私密性很好，并且每个小空间的装修风格都略有不同，里面长长的木桌、木椅能给你带来淡淡的怀旧感，墙上明艳的涂鸦却带着点田园风格，使这里一切看上去都是那样的温馨。

地址： 东城区南锣鼓巷89号
交通： 乘13、118、823路等公交车在南锣鼓巷站下车，或乘地铁6号线在南锣鼓巷站下车
电话： 84019868
开放时间： 9:30～次日2:00

08 Cafe De Sofa
温馨舒适

　　Cafe De Sofa又称沙发咖啡馆，是一家由台湾的美食家蛋蛋夫妇在后海开的咖啡馆。店内装饰时尚、典雅，复古的皮箱、茂盛的绿植、白色桌椅和"为心灵留白"的白色墙面，都寄托着店家独特的心思。店家给到这里来的客人营造了一种温暖舒适如家般的氛围。

地址：西城区银锭桥胡同12号
交通：乘5、82、635路等公交车在鼓楼站下车，沿着后海步行可到
电话：62032905

胡同里的美树馆
京味十足

胡同里的美树馆位于毫不起眼的钱粮胡同深处，是一家环境极其清幽的咖啡馆。该咖啡馆门口有一棵百年老槐树，大门上没有招牌，也没有霓虹灯。馆内布置简洁、雅致，古色古香木质桌椅，各种文学类、摄影类、电影类书籍以及摆放的书架，无不散发着浓浓的京味。来到这里，挑一本书，捧上一杯咖啡，点几碟小点心，上一小会儿网，时间便这样悄悄从指间滑过了。

地址：东城区钱粮胡同32号
交通：乘104、108、109路等公交车在东四站下车，或乘地铁5号线在东四站下车
电话：64046297

其他休闲咖啡馆推荐		
名称	地址	交通
派力蒙咖啡厅	朝阳区朝阳门外大街16号中国人寿大厦105室	51287320
老咖啡馆	朝阳区秀水东街8号秀水街1楼东面	51698870
很多人的咖啡馆	朝阳区育慧南路芍药居北里小区315号楼	84649726

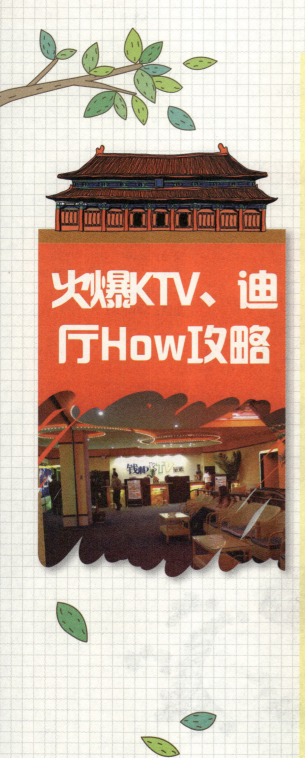

火爆KTV、迪厅How攻略

01 钱柜

魔音

谈起KTV来，在北京几乎没有人不知道钱柜。钱柜的主要经营方式为量贩式，是一处高层次、健康休闲的大型娱乐场所，同时也是一处享用美食的好地方。钱柜店堂装潢奢侈华丽，娱乐、服务设施先进齐全，里面的曲目翻新速度也极为迅速。来到钱柜，即使你的嗓音只可用来自娱自乐，这里的"魔音"也能让之变得动听起来。

地址： 东城区安定门东大街雍和大厦东楼1楼
交通： 乘44、684、116路等公交车在雍和宫桥东站下车，或乘地铁2、5号线在雍和宫站下车
电话： 88576566

02 同一首歌

音质极好

同一首歌是北京一家集KTV、餐饮娱乐等休闲项目于一体的大型文化娱乐场所，自开业以来，便迅速成为了广受顾客追捧的娱乐场所。同一首歌内部采用艺术化造型装饰，房间大小不一，灯光效果独具匠心，环境高贵典雅，自助餐品种多样，是朋友聚会Party的一个好去处。

地址： 西城区文慧园西路36号
交通： 乘106、85、360路等公交车在西直门站下车，或乘地铁2、4、13号线在西直门站下车
电话： 62256688

03 乐圣
装饰奢华

乐圣是一家大型量贩式休闲娱乐场所，拥有超七星级的豪华装修，配备有最先进的电脑自动点歌系统，另外每个贵宾厅内都配备有超级震撼的音响系统。走进乐圣，你不仅可以在包厢内尽情歌唱，还可以在定点时间领到免费自助餐，并且可以享受24小时免费代订鲜花、蛋糕的服务。

地址： 东城区崇门外大街9号正仁大厦1楼
交通： 乘地铁5号线在瓷器口站下车
电话： 67086666

04 麦乐迪
老牌KTV

麦乐迪是北京最为老牌的量贩式KTV之一，也是集视、听、唱及餐饮于一体的大型休闲娱乐场所。麦乐迪内部装饰柔和、时尚，歌曲更新速度极快，适合追求时尚的人前往。同时，店内会提供免费可口的饮料，大厅的沙发坐上去也比较舒服，就算你不喜欢唱歌，坐在沙发上听听音乐、喝点饮料也是十分惬意的。

地址： 朝阳区朝阳门外大街乙77号
交通： 乘101、112、75路等公交车在朝阳门外站下车，或乘地铁6号线在东大桥站下车
电话： 65510808

麦乐迪其他店面推荐		
名称	地址	交通
中关村店	海淀区中关村南大街24号	62189088
安定门店	东城区安定门外大街198号	60569188
富力城店	朝阳区东三环中路61号	59037188
国贸店	朝阳区建国路99号中服大厦4楼	80883988
月坛店	西城区月坛北街2号月坛大厦北门B1楼	68085888

天王星时尚娱乐会所

设备先进

天王星时尚娱乐会所又称眼镜蛇，是朋友聚会、知己聊天的好去处。天王星时尚娱乐会所内舒适的沙发、独特的天花投影、挂着各式相框的墙壁、五彩斑斓的灯饰，处处流露着独特的美感。其音响设施采用日本原装BMB专业卡拉OK音响系统，点歌系统快捷方便，且消费较低，很值得一去。

地址：东城区珠市口东大街12号
交通：乘715、57路等公交车在崇文三旦河站下车
电话：67075655

第五俱乐部量贩式KTV

最具特色的KTV

第五俱乐部量贩式KTV是北京最具特色的星级量贩式KTV之一，由高档星级量贩式HI-5KTV及北京首家"互动式"五夜吧组合而成。第五俱乐部量贩式KTV内部设计风格华丽典雅，包房装修别致，视听音响设备一流。玩味其中，给你时光倒流的绝妙感受。

地址：东城区和平里东街22号
交通：乘62、13、116路等公交车在和平里南口站下车，或乘地铁13号线在柳芳站下车
电话：84258888

其他火爆KTV、迪厅推荐		
名称	地址	电话
杰克逊迪厅	海淀区五道口成府路23号	62311239
东方斯卡拉	朝阳区关东店28号	65073333
午夜快车DISCO广场	朝阳区中华民族园土林西侧	62042646
海华城Kiss迪斯科广场	朝阳区霄云路35号	84552361

娱乐城、夜总会里乐翻天

01 糖果俱乐部

综合型娱乐场所

糖果俱乐部是集量贩式KTV、迪斯科舞厅、会员制酒吧于一体的大型综合性娱乐场所。里面有着高贵华丽又不失典雅的装饰，超大的包厢和顶级的音响设备，给每个前来的人提供了一个能感受轻松、高质量的夜场文化环境，是朋友聚会的首选之地。

地址：朝阳区和平里西街79号
交通：乘117、125路公交车在雍和宫桥北站下车；或乘地铁2、5号线在雍和宫站下车
电话：64282288

02 琴瑟缘夜总会

装饰奢华

琴瑟缘夜总会是北京的一家大型娱乐场所，拥有极其豪华的装修，是夜生活一族的好去处。琴瑟缘夜总会为三层楼面建筑，第一层配有先进的灯光音响设备，第二层具有强烈的欧式风格，第三层为清朝风格的中式小排楼，如此独特的装修风格在北京娱乐城中显得极为出众，能让来这里的客人在娱乐的同时，感受到时尚与传统气息相结合的浓烈氛围。

地址： 东城区龙潭湖路甲3号翔龙大厦
交通： 乘8、12内、561路等公交车在龙潭湖站下车
电话： 67122166

唐会迷城
奢华体验

　　唐会迷城是一座时尚的国际夜店，为追求时尚的人士提供了一个体验奢华、性感、未来享乐主义的良好平台。唐会迷城内部有奢华的大型舞池、豪华隐私的VIP厅、精致时尚的餐厅，还有专为外籍人士设计的花园式俱乐部。同时，这里还常常有顶级调酒师调酒表演。

地址： 朝阳区朝阳公园西路8号公馆院为
交通： 乘419、677、682路等公交车在朝阳公园西门站下车
电话： 65008888

开元康体娱乐城
综合型娱乐场所

　　开元康体娱乐城位于北京远近闻名的丰台花乡内，是集运动、休闲、娱乐和餐饮为一体的大型健身、社交场所。开元康体娱乐城中设有采用美国一流的宾士城保龄设备及电脑计分系统的保龄球馆和拥有自然采光、池水24小时循环功能的室内游泳馆，极大地促进了全民健身计划的开展。同时，这里还设有台球厅、卡拉OK厅、舞厅等娱乐设施。

地址： 丰台区花乡辛庄89号
交通： 乘地铁9号线在丰台南路站下车
电话： 63712640

万国俱乐部夜总会
风格独特

　　京城中繁华的万国俱乐部夜总会，其风格独特的藏教门饰，总是能吸引众多的年轻人。在这里，不知道何故许多人都会感到激情澎湃。闪进其中，眼花缭乱的舞池及舞池边布置的双人沙发区，一片激情一片慵懒，反差之大立刻扯断了白天紧绷的细胞，让人感觉进入不一样的世界。

地址： 东四隆福寺街95号隆福大厦七层
交通： 乘地铁6号线在东四站下车
电话： 64018941

 龙堡国际俱乐部
综合型娱乐场所

龙堡国际俱乐部位于北京著名的民族文化宫内，是集康体、娱乐、餐饮为一体的高级娱乐场所。龙堡国际俱乐部经世界名师精心设计，建筑风格典雅，内部装修富丽堂皇。这里有从欧洲引进的SPA水疗按摩池，提供桑拿、洗浴、保健按摩等服务。此外，还有名厨主理的免费自助餐，是调养身体的好去处。

地址： 西城区复兴门内大街49号民族宫西配楼
交通： 乘10、88路等公交车在西单路口西站下车，或乘地铁1、4号线在西单站下车
电话： 66053883

其他娱乐城、夜总会推荐		
名称	地址	电话
北京港园娱乐城	海淀区牡丹园	82088822
热点娱乐城	朝阳区东三环北路23号	65910304
东方皇宫娱乐城	朝阳区东三环北路42号	65921188
比利亚娱乐城	西城区东冠英胡同甲26号	66181660
金百盛娱乐城	东城区新中街68号	65521269
大方娱乐城	东城区东四北大街398号	64044916

PART 6
商务北京

高端星级酒店		
名称	地址	电话
北京饭店	东城区东长安街33号	65137766
王府半岛酒店	东城区王府井金鱼胡同8号	85162888
盘古七星	朝阳区北四环中路27号	59067777
北京国际饭店	东城区建国门内大街9号	65126688
北京励骏酒店	东城区金宝街90-92号	85113388
天伦王朝饭店	东城区王府井大街50号	58168888
港澳中心瑞士酒店	东城区朝阳北门大街2号	65532288
东方君悦酒店	东城区东长安街1号东方广场	85181234
贵宾楼饭店	东城区东长安街35号	65137788
柏悦酒店	朝阳区建国门外大街2号银泰中心A座	85671234
中国大饭店	朝阳区建国门外大街1号	65052266
丽思卡尔顿酒店	朝阳区建国路甲83号华贸中心	59088888
国贸大酒店	朝阳区建国门外大街1号	65052299
金融街威斯汀大酒店	西城区金融大街乙9号	66068866
喜来登长城饭店	朝阳区东三环北路10号	65905566
香格里拉饭店	海淀区紫竹院路29号	68412211

商务会议中心		
名称	地址	电话
金辉商务会议大酒店	海淀区上地创业路17号	62986363
北京国际会议中心	朝阳区北四环中路8号五洲皇冠假日酒店内	84973060
北京如意商务酒店	海淀区北洼路17号	51906666
国家会议中心大酒店	朝阳区北辰西路8号院1号楼	84372008
北京福缘花园商务酒店	海淀区颐和园路	62520008

四合院精品酒店

名称	地址	电话
广济邻四合院精品酒店	海淀区白塔巷2号安平巷内(近赵登禹路)	66172571
王家客栈	东城区东四北大街东四六条月牙胡同10号院子	64007762
杜格四合院艺术精品酒店	东城区南锣鼓巷前圆恩寺胡同26号	64060686
北京院子	东城区安定门西大街8号	64076799
秦唐府客栈7号院	东城区前鼓楼苑胡同7号	64060777
北京涵珍园国际酒店	东城区宽街交道口南大街北兵司马胡同7号	84025588
柏斯特四合院客栈	东城区东四十二条34号	64048922
阅微庄四合院	东城区东四四条37号	64007763
吉庆堂四合院酒店	东城区北锣鼓巷沙络胡同7号院	84043131
好园宾馆	东城区史家胡同53号	65125557
悦宾阁四合院客栈	西城区棉花胡同甲89号	83389908
福禄四合院	西城区兴华胡同42号	83220266
杏园四合院客栈	西城区草厂北巷34号	64049083
觉品酒店	西城区新街口正觉胡同甲9号	83288366
清风雅筑四合院客栈	西城区赵登禹路大茶叶胡同20号	66160200

私密商务会馆

名称	地址	电话
马奈草地商务会馆	海淀区杏石口路	88469888
厦门商务会馆	海淀区知春路46号	82118899
东方凯德华国际商务会馆	海淀区海淀南路9号	62166216
北京艺海国际商务会馆	海淀区中关村南大街12号	58555777
颐园7号商务会馆	海淀区万柳星标家园5栋西200米	82570308
北京丰联国际商务会馆	朝阳区朝阳门外大街18号	64616889
北京商务会馆	西城区右安门外玉林里1号楼	63292244
烟台山商务会馆	西城区赵登禹路281号	66117766
681北京德胜商务会所	西城区德胜门外大街83号	62556666

经济连锁酒店		
名称	地址	电话
速8连锁酒店	东城区安定门西大街8号	64076799
锦江之星旅馆	东城区灯市口大街75号	85111100
桔子连锁酒店	东城区安定门西大街8号	64076799
飘HOME连锁酒店(王府井店)	东城区东安门大街43号	57305888
欣燕都连锁酒店(新街口总店)	西城区新街口南大街44号	83221691
汉庭快捷酒店(后海店)	西城区菊儿胡同33号	64061188
色彩连锁酒店	朝阳区和平街15区10号楼	64289099
如家快捷酒店	朝阳区和平里西街3号	51309600
7天连锁酒店	海淀区学清路41号裕京大厦4-8楼	82837988

青年旅舍客栈		
名称	地址	电话
北京和园国际青年旅舍	海淀区小西天文慧园路志强北园1号	62277138
工体国际青年旅舍	朝阳区工人体育场9号	65534800
北京蓝亭国际青年旅舍	朝阳区安华西里三区甲17号	64258738
北京兆龙青年旅舍	朝阳区工体北路2号	65972666
华通国际青年旅舍	朝阳区春秀路1号	51909288
远东饭店国际青年旅舍	西城区铁树斜街90号	63018811
鼓韵青年旅舍	西城区旧鼓楼大街51号	84016565
侣松园青年旅舍	东城区宽街板厂胡同33号	64040436
甜园国际青年旅舍	东城区东四七条19号	64051538
实佳国际青年旅舍	东城区南小街史家胡同9号	65373773
北平国际青年旅舍	东城区南锣鼓巷113-2号	64013961
北京雍和国际青年旅舍	东城区雍和宫大街	64008515
北京未名国际青年旅舍	海淀区成府路150号	62549667
北京兆龙青年旅舍	东城区炮局头条29号	64027218

附录

抵京

北京的交通四通八达，"条条大路通北京"一点也不夸张。这里有飞机、高铁、火车、长途汽车等交通工具可供游客选择，不管你选择何种方式抵达、离开北京，都非常方便。

乘飞机到北京

随着开往北京的高铁陆续通车后，从外地飞往北京的机票纷纷亮出不错的折扣。游客无论从哪里乘飞机到达北京，都会在首都国际机场和南苑机场停靠。

首都国际机场

首都国际机场坐落在北京顺义区天竺镇内，距市区约25千米。机场内共有1号、2号、3号三座航站楼，除了"中国联合航空有限公司"的飞机外，其他航空公司的飞机都在这里降落。1、2号航站楼距离较近，中间有乘客通道连接，3号航站楼距离1、2号航站楼较远。2号、3号航站楼之间有机场快轨连通，各航站楼之间往来可以乘坐机场提供的免费中转摆渡车。首都国际机场服务热线：64541100，国内行李查询电话:64599525。

乘机场轻轨进入市区　机场快轨共设4站，东直门、三元桥、T3航站楼、T2航站楼，发车间隔全天均为10分钟一班，单程票价25元/人。2号航站楼的发车时间为6:35～23:10，3号航站的发车时间为6:20～22:50。

乘巴士进入市区　首都的机场巴士相当发

达，开往市区的线路就有11条，分别往返于方庄、西单、北京站、公主坟、中关村、奥运村、西客站、上地、亦庄、通州、北京南站，统一票价16元。以下为北京市区机场巴士具体信息：

名称	运营区间	运营时间	发车间隔	途经站点
1线	首都机场←→方庄	7:00～次日1:00	不超过30分钟，客满时随时发车	三元桥—亮马桥—白家庄—大北窑（国贸桥）—潘家园—十里河（京瑞大厦）—方庄
2线	首都机场←→西单	首班7:00、末班24:00	不超过30分钟，客满时随时发车	雍和宫—安定门桥西—积水潭桥西—西直门桥南—复兴门桥东—西单（路口南地铁站）
3线	首都机场←→北京站	7:00～24:00	不超过30分钟，客满时随时发车	T3航站楼—T2航站楼—T1航站楼—东直门—东四十条—朝阳门—雅宝路—国际饭店—北京站
4线	首都机场←→公主坟	6:50～次日1:00	不超过30分钟，客满时随时发车	T3航站楼—T2航站楼—T1航站楼—国际展览中心—西坝河—安贞桥—马甸桥—北太平庄—蓟门桥—友谊宾馆—苏州桥—紫竹桥—航天桥—公主坟（新兴宾馆）
5线	首都机场←→中关村	6:50～24:00	不超过30分钟，客满时随时发车	T3航站楼—T2航站楼—T1航站楼—小营—亚运村（安慧桥）—学院桥—中关村（四号桥）
6线	首都机场←→奥运村	8:00～21:00	不超过30分钟，客满时随时发车	T3航站楼—T2航站楼—T1航站楼—广顺北大街—湖光中街—育慧里—北苑路大屯—大屯—奥运村站—亚奥国际酒店（原劳动大厦）
7线	首都机场←→西客站	7:20～24:00	不超过30分钟，客满时随时发车	T3航站楼—T2航站楼—T1航站楼—朝阳公园桥—通惠河北路（新北京电视台）—永安里东街（新闻集团门前）—广渠门—磁器口—珠市口—菜市口—广安门外—西客站南广场(中铁快运门前)
8线	首都机场←→上地	8:00～21:00	不超过30分钟，客满时随时发车	T3航站楼—T2航站楼—T1航站楼—白坊（天通东苑）—天通西苑一区（北门）—回龙观东大街—回龙观西大街—回龙观—上地信息产业区（智选假日酒店）
9线	首都机场←→通州	首班7:00、末班24:00	不超过30分钟，客满时随时发车	T2航站楼（7:00）—T1航站楼—T3航站楼—北关站（齐天乐园对面）—西大街（通州区委西）—北苑路口—翠屏北里—太阳花酒店
10线	首都机场←→北京南站	9:30～21:30	不超过30分钟，客满时随时发车	首都机场—广渠门（广渠门桥下）—肿瘤医院（东二环肿瘤医院对面）—玉蜓桥（玉蜓桥西）—北京南站北出口
11线	首都机场←→亦庄	18:00	由机场发一班车	T2航站楼—T1航站楼—T3航站楼—窑洼湖桥北（东四环红星美凯龙）—小武基（汽配城）—亦主北环西路（华冠超市）—泰河站（亦庄博兴七路）

乘出租车进入市区　在首都机场乘出租车，一定要搭乘正规的车辆，同时要求司机打表计价，下车后不要忘记索取发票。1号航站楼可在1层3～5号门外中间车道等候。2号航站楼可在1层3～7号门外等候，3号航站楼可参照指示牌信息。出租车调度管理电话为64558892。

南苑机场

南苑机场位于丰台区南苑镇，距离南四环约3千米，距离天安门广场约13千米。属于军民两用型，是中国联合航空有限公司的主运营基地。服务热线：95530。

乘机场巴士前往市区　机场出口处每天都有往返于西单民航大厦和机场候机楼间的机场巴士，凭当天中联航航班登机牌可免费乘坐机场巴士至市区。

名称	运营时间	发车间隔	途经站点
南苑机场—西单	首班车9:00，至当日夜航结束	发车间隔不超过60分钟，客满时随时发车	南苑机场、福海公园、西单
南苑机场—西单	12:40、17:10、20:50	发车间隔不超过60分钟，客满时随时发车	南苑机场、西单

乘公交车进入市区　乘运通115、610、953、501路等公交车。

🚌 乘高铁到北京

京广高铁

京广高铁分为京石、石武、武广、广深4段，这是从广州到北京最快的列车，全程不到8个小时。同时，这趟列车已经成功连接到香港，旅客在中国两大城市之间穿梭旅行变得更为快捷、方便。（下表为进京方向的顺序，下同）

从北京至深圳的车次为G71、G79，其中G71发车时间为8:00，到站时间为18:16；G79发车时间为10:00，到站时间为18:33。从北京至广州最快的车次是G80/G79，运行时间7小时59分钟；最慢的车次G72/G71，运行时间9小时37分钟。

乘地铁进入市区　从北京西站乘地铁9号线，在白石桥南站下车换乘地铁6号线或在国家图书馆站换乘地铁4号线，均可进入市内。

乘公交车进入市区　乘特2、特6、9、21、40、47、50路等公交车。

经过省市	北京	河北	河南	湖北	湖南	广东	深圳
经过主要城市	北京	保定、石家庄	郑州	武汉	长沙、岳阳	广州、韶关	深圳
经过站点	北京西	新涿州、新高碑店、新保定、新定州、正定国际机场、石家庄新客站	郑州东、许昌东、漯河西、驻马店西、明港东、信阳东	孝感北、横店东(不办客)、武汉、咸宁北、赤壁南	岳阳东、汨罗东、长沙南、株洲西、衡山西、衡阳东、耒阳西、郴州西	韶关、英德西、清远、广州北、广州南	深圳北

京沪高铁

京沪高铁设置有24个车站，全线始发站有5个，从上海到北京的始发站分别为虹桥站、南京南

站、济南西站、天津西站、北京南站。早上起来，在上海吃个早餐，中午你就可以在北京吃午饭了。

从北京至上海最快的车次为G4，运行时间4小时48分钟；最慢的车次为：G117，运行时间5小时58分钟。

经过省市	北京	河北	天津	山东	江苏	安徽	上海
经过主要城市	北京	沧州	天津	济南、曲阜、泰安	南京、苏州	蚌埠、滁州	上海
经过站点	北京南站	廊坊站、沧州西站	天津南站、天津西站	德州东站、济南西站、泰安站、曲阜东站、滕州东站、枣庄站	徐州东站、南京南站、镇江南站、丹阳北站、常州北站、无锡东站、苏州北站、昆山南站	宿州东站、蚌埠南站、定远站、滁州站	上海虹桥站

乘地铁进入市区 从北京南站乘地铁4号线，在角门西站换乘10号线、宣武门站换乘2号线、西单站换乘1号线、平安里站换乘6号线，皆可进入市内。

乘公交车进入市区 乘84、102、106路等公交车。

京西高铁

京西高铁主要分为京郑、郑西2段。从西安前往北京，你最快可以用不到5个小时的时间安全抵达。

从北京到西安最快的车次为G87，运行时间4小时40分钟；最慢的车次G671，运行时间6小时30分钟。

经过省市	北京	河北	河南	陕西
经过主要城市	北京	石家庄	郑州、安阳	西安、洛阳
经过站点	北京西	邢台东、高邑西、石家庄、保定东、高碑店东	郑州、郑州东、鹤壁东、安阳东	西安北、渭南北、三门峡南、华山北、洛阳龙门

乘地铁进入市区 从北京西站乘地铁9号线，在白石桥南站下车换乘地铁6号线或在国家图书馆站换乘地铁4号线，均可进入市内。

乘公交车进入市区 乘特2、特6、9、21、40、47、50路等公交车。

京津城际高铁

京津城际高铁主要连接北京、天津这两大城市，起点为北京南站，终点为天津站城际场，还有亦庄、武清车站，预留站永乐站。从北京到天津，只需要30分钟，非常便捷。另外，该站列车最小行车间隔为3分钟。

经过城市	北京	天津
经过站点	北京南、亦庄、永乐	武清站、天津站

乘地铁进入市区　从北京南站乘地铁4号线，在角门西站换乘10号线、宣武门站换乘2号线、西单站换乘1号线、平安里站换乘6号线，皆可进入市内。

乘公交车进入市区　乘84、102、106路等公交车。

乘火车到北京

火车几乎贯穿了我国的每一座城市，所以坐火车来北京是相当方便的。北京的火车站包括有北京西站、北京南站、北京站、北京北站（西直门火车站）四个站点。

北京西站

北京西站位于丰台区广莲路19号，主要停靠来自京广线、京九线、京原线以及陇海线的火车。联系电话：63216253。

乘地铁进入市区　在地铁北京西站乘地铁9号线可以进入市区。

乘公交车进入市区　在北京西公交车站乘9、21、40、47、50路等公交车可进入市区。

北京站

北京站位于东城区毛家湾胡同甲13号，主要停靠来自京山线、京秦线、京沪线、京原线、京包线的列车，此外这里还有开往莫斯科、鸟兰巴托和平壤的国际列车。

乘地铁进入市区　在地铁北京站乘地铁2号线可以进入市区。

乘公交车进入市区　在北京站乘机场13线、24路进入市区，或在北京站东乘9、10、20、25路等公交车进入市区。

北京南站

北京南站位于东城区永外大街12号，是北京客流量、站内规模最大的火车站，主要停靠来自京沪的动车和来自京津城际的高铁。

乘地铁进入进入市区　在地铁北京南站乘地铁4号线可以进入市区。

乘公交车进入市区　在北京南站南广场乘529、特5、特8内、652、72路等公交车进入市区，或在北京南站乘318、485路等公交车进入市区。

北京北站

北京北站位于西城区西直门外，主要是为了方便游客游玩京郊和输送旅客前往齐齐哈尔、赤峰、承德等地的固定旅客列车。

乘地铁进入市区　在西直门站乘地铁2、4、13号线可以进入市区。

乘公交车进入市区　在西直门站乘运通16、26、85、87路等公交车可以进入市区。

北京各大火车站间的换乘表

出发站点 \ 到达站点 交通	北京西站	北京南站	北京站	北京北站
北京西站	—	乘地铁9号线在军事博物馆站换乘地铁1号线,在西单站换乘地铁4号线至北京南站下	乘地铁9号线在军事博物馆站换乘地铁1号线,在复兴门站或建国门站换乘地铁2号线至北京站下	乘地铁9号线在国家图书馆站换乘地铁4号线至西直门站下
北京南站	乘地铁4号线在国家图书馆站下,换乘地铁9号线在北京西站下;或乘地铁4号线在西单站换乘地铁1号线,在军事博物馆站换乘9号线至北京西站下	—	乘地铁4号线在宣武门站换乘地铁2号线,至北京站下	乘坐地铁4号线至西直门站下
北京站	乘地铁2号线在复兴门站换乘地铁1号线,至军事博物馆站换乘地铁9号线,至北京西站下	乘地铁2号线在宣武门站换乘地铁4号线,至北京南站下	—	乘坐地铁2号线在西直门站下
北京北站	乘地铁4号线在国家图书馆站换乘地铁9号线,至北京西站下;或乘地铁2号线在复兴门站换乘地铁1号线,至军事博物馆站换乘地铁9号线,至北京西站下	乘地铁4号线至北京南站下	乘地铁2号线在北京站下	—

北京各大火车站与部分主要景点间的交通

景点 \ 出发站点 交通	北京西站	北京南站	北京站	北京北站
天安门 / 故宫	乘地铁1号线在天安门东站下车	乘地铁4号线在西单站换乘地铁1号线,在天安门东站下车	乘地铁2号线在建国门站换乘1号线,在天安门东站下车	乘地铁4号线在西单站换乘地铁1号线,在天安门东站下车
颐和园	乘地铁9号线在国家图书馆换乘地铁4号线,在北宫门站下车	乘地铁4号线在北宫门站下车	乘地铁2号线在宣武门或西直门站换乘4号线,在北宫门站下车	乘地铁4号线在北宫门站下车
鸟巢	乘地铁1号线在复兴门站换乘地铁2号线,在鼓楼大街站换乘8号线,在奥林匹克公园站下车	乘地铁4号线在西直门站换乘2号线,在鼓楼大街站换乘8号线,在奥林匹克公园站下车	乘地铁2号线在鼓楼大街站换乘8号线,在奥林匹克公园站下车	乘地铁2号线在鼓楼大街站换乘8号线,在奥林匹克公园站下车
天坛	乘地铁1号线在东单站换乘地铁5号线,在天坛东站下车	乘地铁4号线在宣武门站换乘地铁2号线,在崇文门站换乘地铁5号线,在天坛东站下车	乘地铁2号线在崇文门站换乘地铁5号线,在天坛东站下车	乘地铁2号线在崇文门站换乘地铁5号线,在天坛东站下车

出发站点 景点 交通	北京西站	北京南站	北京站	北京北站
八达岭长城	乘83路公交到德胜门站下，换乘877路公交在八达岭长城站下车	乘地铁4号线在西直门换乘地铁2号线，在积水潭站下B出口出，步行至德胜门乘877路公交在八达岭长城站下车	乘地铁2号线在积水潭站下B出口出，步行至德胜门乘877路公交在八达岭长城站下车	乘坐普通列车和动车组在八达岭站下车

🚌 乘长途汽车到北京

相对于高铁、普通火车及飞机来说，长途汽车一般只适合北京附近的省市游客乘坐。目前，北京主要有六里桥、赵公口、东直门、四惠等9个长途汽车站。

主要长途汽车站信息			
汽车站	主要城市	地址	电话
六里桥长途汽车站	河南、河北、山西、山东、辽宁、内蒙古等省、自治区的大中城市及上海、合肥、西安等地	丰台区六里桥南里甲19号	83831716
赵公口长途汽车站	上海、山东、江苏、浙江、河南等省市	丰台区永外南三环中路34号	67339491
东直门长途汽车站	京东四县及丰宁、凤山、承德、赤峰等	东直门外斜街45号	64671346
四惠长途汽车站	天津、河北东北部、辽宁、吉林等省的大中城市，及包头、赤峰、临泉等地	朝阳区建国路68号	65574804
八王坟长途汽车站	辽宁省大中城市，以及唐山、秦皇岛、包头、长春、通化、哈尔滨、佳木斯、江阴等地	朝阳区西大望路17号	87718844
莲花池长途汽车站	河南、武汉、菏泽、临沂、济宁、邯郸、保定等地	西三环六里桥广安路35号	63464037
木樨园长途汽车站	浙江、山东、河北等省的大中城市	丰台区海户屯199号	67367149
丽泽桥长途汽车站	山西、河北、江苏、山东等省的大中城市及上海、湖州、芜湖、榆林等地	丰台区西三环丽泽桥东	63403408
北郊长途汽车站	内蒙古二连浩特、山东乐陵、河南固始、河北张家口等地	朝阳区德胜门华平北里30号	83847096

🚌 乘公交车游北京

北京的公交车普通车起步价为1元/人，空调车起步价2元/人，持有公交一卡通的乘客一般都可

以享受4折优惠，即普通车0.4元/人，空调车0.8元/起步。此后，再按路程长短计价。同时，北京市内还有专供游客乘坐的观光1、2、3、4、5路以及"世界遗产游专线"等观光线路车，票价一般为3元/人。

北京观光线路车和世界遗产游专线线路	
线路	主要景点/线路信息
观光1、2号联运（前门—慧忠里）	天安门广场、故宫、北海、什刹海、钟楼、中华民族园、奥林匹克公园
观光3号线（航天桥东—奥林匹克北公交场站）	玉渊潭公园、北海公园、故宫、钟楼、奥林匹克公园
观光4号线（东大桥路口北—奥林匹克北公交场站）	国子监、雍和宫、中华民族园、奥林匹克公园观光
观光5号线（红庙路口东—航天桥南）	中央电视塔、军事博物馆、首都博物馆、天安门广场、古观象台、CBD世界文化遗产
世界文化遗产游专线	八达岭长城、十三陵（定陵）一日游，4月上旬至10月上旬6:30～10:00，10月下旬至3月下旬8:30～10:00，成人180元/人，学生、老人145元/人
	颐和园、八达岭长城（赠送鸟巢、水立方外景）一日游 全年每天8:00发车，成人190元/人，学生160元/人，老人170元/人
	八达岭长城一日游 4月上旬至10月中旬8:30～11:00，10月下旬至3月下旬9:00～10:30，成人120元/人，学生、老人100元/人

🚌 乘地铁游北京

北京地铁线路众多，目前开通的有1、2、4、5、6、8、9、10、13、14、15号线及八通线、昌平线、亦庄线、房山线、大兴线等线路。北京地铁实行单一票制，是全国地铁票价最低的城市，只要不出站，2元钱就可以转完北京所有互相连通的地铁。

北京地铁线路信息		
地铁线路	运行线路	首末车时间
1号线	苹果园—四惠东	首班车5:10，末班车22:55
	四惠东—苹果园	首班车5:05，末班车23:15
2号线	外环（西直门—复兴门—东直门—西直门）	首班车5:09，末班车22:59
	内环（积水潭—东直门—复兴门—积水潭）	首班车5:03，末班车22:45
4号线及大兴线	安河桥北—公益西桥	首班车5:00，末班车22:45
	新宫—安河桥北	首班车5:54，末班车23:14
	安河桥北—天宫院	首班车5:00，末班车22:10
	天宫院—安河桥北	首班车5:30，末班车22:38

地铁线路	运行线路	首末车时间
5号线	天通苑北—宋家庄	首班车4:59，末班车22:47
	宋家庄—天通苑北	首班车5:19，末班车23:10
6号线	草房—海淀五路居	首班车5:15，末班车23:06
	海淀五路居—草房	首班车5:23，末班车23:16
8号线	鼓楼大街—回龙观东大街	首班车6:02，末班车22:50
	回龙观东大街—鼓楼大街	首班车5:33，末班车22:13
9号线	国家图书馆—郭公庄	首班车5:59，末班车23:19
	郭公庄—国家图书馆	首班车5:20，末班车22:40
10号线	内环（巴沟—国贸—宋家庄—车道沟）	首班车4:54，末班车22:27
	外环（车道沟—宋家庄—国贸—巴沟）	首班车4:49，末班车0:20
13号线	西直门—东直门（全程）	首班车5:35，末班车22:42
	东直门—西直门（全程）	首班车5:35，末班车22:42
	西直门—霍营（半程）	首班车5:35，末班车23:45
	东直门—回龙观（半程）	首班车5:35，末班车23:45
	霍营—回龙观（半程）	首班车5:00，末班车00:09
14号线	张郭庄—大井	首班车5:30，末班车22:10
	大井—张郭庄	首班车5:42，末班车22:22
	西局—张郭庄（全程）	首班车5:45，末班车22:10
	西局—大瓦窑（半程）	首班车5:45，末班车22:30
	园博园—张郭庄（全程）	首班车5:58，末班车22:23
15号线（一期）	俸伯—望京西（全程）	首班车5:45，末班车22:11
	望京西—俸伯（全程）	首班车6:00，末班车22:55
	俸伯—马泉营（半程）	首班车5:45，末班车22:41
	孙河—马泉营（半程）	首班车6:09，末班车23:05
八通线	四惠—土桥	首班车6:00，末班车23:22
	土桥—四惠	首班车5:20，末班车22:42
亦庄线	宋家庄—次渠	首班车6:00，末班车22:45
	次渠—宋家庄	首班车5:23，末班车22:08

地铁线路	运行线路	首末车时间
昌平线（一期）	西二旗—南邵（全程）	首班车5:50，末班车22:15
	南邵—西二旗（全程）	首班车6:00，末班车22:35
	南邵—朱辛庄（半程）	首班车6:00，末班车23:20
房山线	郭公庄—苏庄	首班车5:58，末班车22:10
	苏庄—郭公庄	首班车5:15，末班车21:30

乘出租车游北京

北京出租车统一起步价为13元/3千米，以后每千米2.3元，超过3千米，另加收2元的燃油附加费。等候或车速低于每小时20千米，每5分钟收2千米费用。另外，北京还有电动出租车运营，基价都是2元，通州起步价是每3千米10元，北京其他区县为每3千米8元。

北京出租车问讯电话

北京出租汽车电话叫车系统：96103（3元/分钟）

出租车监管部门投诉电话：63464134

黑车举报：68351150/68351570

离京

在北京游览完毕后，想要离开北京，也可以选择乘公交车、地铁等方式前往你所要乘坐的交通工具（飞机、火车、动车、长途汽车）的所在站点。

乘飞机离开北京

交通工具 \ 机场名称	南苑机场	首都国际机场
巴士	在西单民航大厦和机场候机楼间乘坐机场巴士可到（需凭当天中联航航班机票或行程单才能乘坐。	在方庄、西单、北京站、公主坟、中关村、奥运村、西客站、上地、亦庄、通州、北京南站乘坐机场巴士可到；或在东直门、三元桥乘坐机场快轨

🚌 乘火车、动车离开北京

交通工具 \ 站点名称	北京西站	北京站	北京南站	北京北站
地铁	乘地铁9号线在北京西站下车	乘地铁2号线在北京站下车	乘地铁4号线在北京南站下车	乘地铁2、4、13号线在西直门站下车
公交车	乘特9、21、40路等公交车在北京西站下车	乘24路公交车在北京站下车	乘特5、652、72路等公交车在北京南站南广场下车	乘运通16、26、87路等公交车在城铁西直门站下车

🚌 乘长途汽车离开北京

站点名称	交通
六里桥长途汽车站	乘运通201路在六里桥长途站下车
赵公口长途汽车站	乘17、69、434路等公交车在赵公口桥西站下车
东直门长途汽车站	乘404、866、915路等公交车在东直门枢纽站下车
四惠长途汽车站	乘312、581、628路等公交车在四惠站下车，再向东步行可到
八王坟长途汽车站	乘30、31、605路等公交车在北京北站下车
莲花池长途汽车站	乘专3线环车在六里桥东站下车，再向北步行可到
木樨园长途汽车站	乘2、71、678路等公交车在海户屯站下车
丽泽桥长途汽车站	乘658、617、699路等公交车在丽泽桥北下车
北郊长途汽车站	乘55、113、305路等公交车在祁家豁子站下车

北京市旅游生活常用电话			
名称	电话	名称	电话
匪警	110	旅行社投诉电话	65130828
火警	119	消费投诉举报热线	12315
查号台	114	小公共汽车投诉	63266808
报时台	13117	市公安局公交分局反扒热线	64011327
天气预报	13131	外语问路热线	16853008
森林火警	13119	市政交通一卡通服务热线	88087733
医疗急救	130/999	地铁服务热线	69370565
电话报修台	113	出租汽车调度中心叫车电话	68373399
水上搜救专用电话	12395	市交通局出租汽车投诉电话	68351150

名称	电话	名称	电话
公交李素丽热线	96166	民航电子客票验真伪电话	4008158888
首都国际机场问讯处	64541100	首都机场巴士咨询电话	64594375

北京市旅游咨询服务中心			
序号	站点名称	地址	电话
1	东城王府井咨询站	东城区王府井大街269临–2号	85110468
2	东城前门大街咨询站	东城区大栅栏步行街北广场西侧	67021238
3	东城永定门城楼咨询站	东城区永定门城楼内	67019196
4	东城天坛公园咨询站	天坛公园北门内西侧游客中心	67012402
5	东城孔庙·国子监咨询站	东城区国子监街15号孔庙院内	84011977
6	东城中山公园咨询站	东城区中华路4号中山公园游客服务中心	66055431
7	西城北海公园咨询站	西城区文津街1号北海公园南门	64002378
8	西城景山公园咨询站	西城区景山西街44号景山公园内	64038098
9	西城恭王府咨询站	西城区前海西街17号恭王府院内	83288149
10	朝阳北京欢乐谷咨询站	朝阳区东四环四方桥小武基北路	67360303
11	朝阳中华民族园咨询站	朝阳区民族园路1号中华民族园内	62063791
12	朝阳奥林匹克中心区3号咨询站	朝阳奥林匹克公园内	84992008
13	朝阳国家游泳中心（水立方）1号咨询站	朝阳区奥林匹克公园内	84370112
14	海淀圆明园咨询站	海淀区圆明园公园南门外	62566911
15	海淀香山公园咨询站	海淀区香山买卖街40号	82590297
16	海淀大觉寺咨询站	海淀区大觉寺路9号	62456163
17	昌平旅游局咨询站	昌平区科技园区创新路八号	89740051
18	昌平定陵博物馆咨询站	昌平区大峪山脚下定陵博物馆内	60761424
19	昌平虎峪自然风景区咨询站	昌平区南口镇虎峪自然风景区内	69770295
20	昌平神路博物馆咨询站	昌平区天寿山南麓明神路博物馆内	89749383

北京景点门票查找表

景点名称	门票价格	景点名称	门票价格
故宫	淡季40元，旺季60元	八达岭长城	淡季40元，旺季45元
鸟巢	50元	水立方	30元
天坛	淡季10元，旺季15元	颐和园	淡季20元，旺季30元
圆明园	10元	恭王府	普通票40元，系列游70元
北海公园	淡季5元，旺季10元	香山公园	淡季5元，旺季10元
雍和宫	25元	地坛公园	2元
钟鼓楼	鼓楼20元，钟楼15元	元大都城垣遗址公园	免费
中国紫檀博物馆	50元	观复博物馆	50元
中国航天博物馆	40元	中国科学技术馆	30元
国家动物博物馆	40元	中国地质博物馆	30元
中国古动物馆	20元	中华民族博物院	90元
北京欢乐谷	200元	北京动物园	淡季10元；旺季15元
北京世界公园	65元	石景山游乐园	10元
北京植物园	10元	北京大观园	40元
北京世界花卉大观园	50元	金盏郁金香花园	15元
雁栖湖	34元	京东大峡谷	60元
龙庆峡	40元	爨底下村	35元
妙峰山风景区	40元	潭柘寺	55元
戒台寺	45元	云居寺	40元
青龙峡	45元	银狐洞	43元
黑龙潭	45元	双龙峡	30元
北京天文馆	A、B馆展厅10元，B馆3D动感剧场30元，B馆4D动感剧场30元，B馆宇宙剧场45元，A馆天象厅45元		
明十三陵	总神道淡季25元，旺季35元；长陵淡季35元，旺季50元；定陵淡季45元，旺季65元；昭陵淡季25，旺季35		